Susan RoAne · Sag doch einfach hallo!

Rat & Tat bei Oesch

Lillian Glass
Mit mir nie wieder!
10 Methoden, mit Menschen umzugehen, die Ihnen das Leben schwer machen.
Wirksame Strategien gegen Besserwisser, Nörgler, Quasselstrippen, Lästermäuler und andere Typen. 11. Auflage!

Lillian Glass
Sprich doch einfach Klartext!
Wie man selbstbewußt kommuniziert und die Initiative ergreift. 5. Auflage!

Fred C. Kelly
Warum du gewinnst
Psychologie der Börse. Ratgeber für Aktienkäufer (Conzett Verlag).

Allan E. Mallinger/Jeannette de Wyze
Nie wieder perfekt!
Die Kunst, loszulassen. Der Ratgeber für »überperfekte Perfektionisten«. 2. Auflage!

Orison Swett Marden
Wer sich viel zutraut, wird viel leisten
Selbstvertrauen, Mut, Geistesstärke, Weiterbildung, Selbstbefreiung, Träume, Menschenkenntnis und Verantwortung. 2. Auflage!

Edith Prescott
Wie wir in den Wald hineinrufen, so schallt es heraus
Das Lehrbuch erfolgreicher Kommunikation und Redetechnik

E. Carol Webster
Die Angst vor Erfolg
Frau und Karriere: Erwartungsdruck, Neid, Eifersucht, Mobbing – wie wir dem Druck standhalten und unsere Selbstsicherheit behalten.

In Ihrer Buchhandlung

Susan RoAne

Sag doch einfach hallo!

Wie man sich in Gesellschaft selbstbewußt bewegt und Kontakte knüpft

Aus dem Amerikanischen von
Angelika Bardeleben

Oesch Verlag

Die Originalausgabe erschien 1985 unter dem Titel
»How to Work a Room« bei Shapolsky Publishers, Inc., New York

Die Deutsche Bibliothek – CIP-Einheitsaufnahme

RoAne, Susan :
Sag doch einfach hallo! : Wie man sich in Gesellschaft selbstbewußt bewegt und Kontakte knüpft / Susan RoAne.
[Aus dem Amerik. von Angelika Bardeleben]. –
15. Aufl. – Zürich : Oesch, 2000
Einheitssacht. : How to work a room <dt.>
ISBN 3-85833-497-9

15. Auflage 2000
Schutzumschlag: Heinz von Arx, Zürich
Satz: Fotosatz Otto Gutfreund, Darmstadt
Druck und Bindung: Franz Spiegel Buch GmbH, Ulm
ISBN 3-85833-497-9

Gern senden wir Ihnen unser Verlagsverzeichnis:
Oesch Verlag, Jungholzstraße 28, 8050 Zürich
E-Mail: info@oeschverlag.ch
Telefax 0041/1 305 70 66 (CH: 01/305 70 66)

Unser Programm finden Sie im Internet unter:
www.oeschverlag.ch

Ich habe dieses Buch zur Erinnerung an drei
ganz besondere Menschen geschrieben:

Ida Cohen,
meine Großmutter,
die mir ihre Weisheit schenkte

Ida B. Harvey,
meine »Zweitmutter«,
die dabei half, mich großzuziehen

Sally Livingston,
meine Mentorin,
die mir immer ein Vorbild war

Inhaltsverzeichnis

Danksagungen

Als ich dieses Buch schrieb, hatte ich bisweilen ein Gefühl, als sollte ich einen Elefanten zur Welt bringen. Mühselig war es sicherlich – aber zugleich gab es von Anfang an Menschen, die mir beigestanden haben.

Es waren wohl Hunderte, die mir in persönlichen Gesprächen ihre Zeit, ihre Energie, ihr Wissen und ihre witzigen Einfälle schenkten – Freunde, Kollegen und Fremde, die ich irgendwann im Flugzeug, im Schwimmbad oder in einer Warteschlange vor dem Supermarkt traf. Ich danke vor allem Judith Briles, die erkannt hatte, daß viele Menschen auf ein solches Buch warteten, und die davon überzeugt war, daß ich es schreiben sollte. Und natürlich danke ich meinem Agenten, Mel Berger.

Ich danke auch meinen Freunden, die mich unterstützten, an mich glaubten, mich einfach in Ruhe ließen, wenn ich es brauchte, und mir selbst dann zuhörten, wenn mein Gehirn nur noch wirres Zeug produzierte. Vor allem danke ich Lana Teplick, Lois Vieira, Sylvia Cherezian, Joyce »Mumsy« Siegel, Ruthe Hirsch, Marcia Teilbaum, Gertrude Gurd, Dr. Luann Lindquist, Linda

Zapota, Sherris Goodwin, David Schultz, John Patrick, Rich Portland, Dr. Geraldine Alpert und Griggs RoAne, meinem früheren Mann und jetzigen Freund, der immer überzeugt war, daß ich ein Buch schreiben könnte – und es auch tun sollte.

Dank auch an Lisa Miller und Dr. Irving Siegel für das Korrekturlesen; an Sue Rugge für ihre Hilfe bei meinen Recherchen und an Kerry Davis für das Korrekturlesen und die Textverarbeitung.

Ich danke auch Rick Enos, dem wunderbaren Lehrmeister, der mich ermutigte, dafür sorgte, daß ich meine Termine einhielt, mich geduldig immer wieder ermahnte – um schließlich von mir zu hören: »Ich hab's geschafft!«

Auch Carol Costello, meine Herausgeberin und Freundin, die mir treu zur Seite stand, möchte ich nicht vergessen.

Euch allen herzlichen Dank!

Einleitung

Das Papier fühlt sich ganz besonders glatt und edel an: Es könnte eine Einladung sein. Einer Ihrer Kunden ist der Ehrenvorsitzende des Wohlfahrtsverbandes; in zwei Wochen findet eine große Veranstaltung statt, deren Reinerlös wohltätigen Zwecken zugute kommen soll. Sie sind eigentlich moralisch verpflichtet, hinzugehen, und außerdem könnten Sie dort auch vielen potentiellen Kunden begegnen. Gerade dieses Fest ist eine gute Gelegenheit, Leute kennenzulernen und Ihre Geschäftskontakte auszubauen.

Nach dem Programm zu schließen, könnte es eigentlich recht nett werden. Aber noch bevor Sie sich Gedanken machen, was Sie anziehen wollen, flüstert eine leise Stimme in Ihrem Hinterkopf: »Wie furchtbar . . . du mußt dann jenen riesigen Saal betreten und in tausend fremde Gesichter blicken! Alle kennen einander, aber keiner kennt dich. Mit wem könntest du dich überhaupt unterhalten? Und worüber?« Ihr Herz fängt an zu klopfen, und Sie schieben die Einladung ganz behutsam in den »Hat-noch-Zeit«-Ablagekorb.

Ihre Reaktion ist nichts Ungewöhnliches. Dies ist eine Szene, die sich Tag für Tag in Büros und Wohnzimmern abspielt. Ob nun die Einladung einem gesellschaftlichen oder geschäftlichen Anlaß oder aber beidem zugleich gilt: Es ist in jedem Fall unangenehm, einen Raum zu betreten, in dem es von Menschen wimmelt, die Sie nicht kennen – ganz besonders dann, wenn Sie einen guten Eindruck machen wollen.

Aber: Bei solchen Anlässen ergeben sich auch die besten Gelegenheiten, private und geschäftliche Kontakte zu knüpfen. Wenn Sie auf Menschen zugehen, die Herzen Ihrer Mitmenschen erobern können, dann haben Sie gewaltige Vorteile:

– Sie werden von Mal zu Mal selbstbewußter. Sie gehen an geschäftliche und private Begegnungen mit Zuversicht und Vorfreude heran.

– Es bietet sich Ihnen immer wieder die Chance, Freunde fürs ganze Leben zu gewinnen und Ihre Geschäftsbeziehungen weiter auszubauen. Wenn Sie es nicht schaffen, auf einen Menschen zuzugehen, zu lächeln und »guten Tag« zu sagen, dann versäumen Sie vielleicht das Beste, was das Leben Ihnen zu bieten hat.

– Sie helfen anderen, sich wohl zu fühlen, so daß diese Sie gerne kennenlernen und vielleicht auch Geschäftsbeziehungen mit Ihnen aufnehmen möchten.

Beim Schreiben dieses Buches hatte ich vor allem ein Ziel: Ich wollte Ihnen das Selbstvertrauen und zugleich die Fertigkeiten vermitteln, die es Ihnen ermöglichen, einen Raum zu betreten und zu *strahlen* – ob es sich nun um einen privaten oder geschäftlichen Anlaß, eine Konferenz, eine Party, eine Wiedersehensfeier, einen Elternabend oder einen Eröffnungsball handelt. Dieses Buch wurde geschrieben, damit diese Anlässe für Sie zu einer wirklichen Chance und zu einem Erfolg werden. Ich möchte Ihnen zeigen, wie Sie die Herzen Ihrer Mitmenschen erobern können.

Sie sollen im einzelnen folgendes lernen:

– Die inneren Blockierungen zu erkennen, die Sie daran hindern, gesellschaftliche Anlässe entspannt zu genießen – und diese Hindernisse beiseite zu räumen. Tatsächlich gibt es ein Gegenmittel gegen jedes einzelne von ihnen.

– Ihr Selbstvertrauen und Ihre Zuversicht zu entfalten, so daß Sie die Wärme ausstrahlen können, die bewirkt, daß die Menschen sich öffnen.

– Strategien zu entwickeln, die es Ihnen erleichtern, ein Gespräch einzuleiten, besser mit einem anderen Menschen zu kommunizieren und einen Kontakt mit jemandem herzustellen, der Ihnen zunächst fremd ist.

– »Die persönliche Ausstrahlung wird in Zukunft auch für den wirtschaftlichen Erfolg ein entscheidender Faktor sein«, schreibt Nathan Keyfitz, Soziologieprofessor an der Harvard-Universität, in der Zeitschrift *American Demographics*. Die erfolgreichsten Leute werden in Zukunft die sein, die die Herzen anderer Menschen zu gewinnen verstehen.

In den neunziger Jahren ist eine geschickte Präsentation Ihrer selbst und dessen, was Sie, wirtschaftlich gesehen, anzubieten haben, nicht nur ein Pluspunkt, sondern eine wesentliche Voraussetzung erfolgreicher

Kommunikation. Mit Ihrer Fähigkeit, sich bei privaten und geschäftlichen Anlässen leicht und sicher zu bewegen, werben Sie zugleich in überzeugender Weise für das Produkt, das Sie anzubieten haben – und das auch noch kostenlos!

Wir alle bewegen uns auf gesellschaftlichem Parkett. Wenn Sie jemals Gast auf einer Hochzeit gewesen sind oder an einer Konferenz teilgenommen haben, dann haben Sie ja bereits an gesellschaftlichen Ereignissen teilgenommen und dabei Kontakte geknüpft – oder aber Sie haben zumindest erkennen müssen, wieviel leichter und angenehmer das Leben sein könnte, wenn Sie diese Fähigkeit hätten. Zuhörer meiner Vorträge haben mir erzählt, daß sie bei diesen Anlässen oftmals sehr deprimiert gewesen seien, weil *alle andern sonst* sich so vollkommen wohl gefühlt zu haben schienen. Aber dieser Eindruck trügt. Die meisten Leute betreten – aus den verschiedensten Gründen – nicht gerne einen Raum, in dem sie nur in fremde Gesichter blicken. Eine Party, auf der man niemanden kennt, ist nach einem Bericht der *New York Times* (18. Dezember 1984) der Anlaß, der die stärkste Angst auslöst. Die meisten Menschen würden lieber eine öffentliche Rede halten (Angstauslöser Nummer zwei!), als irgendwo hinzugehen, wo sie niemanden kennen.

In meinen Trainingskursen geben 90% der Teilnehmer zu, daß sie sich auf Parties, bei denen die meisten anderen Gäste ihnen unbekannt sind, nicht wohl fühlen. Von denen, die mit dem Verkauf und der Absatzförderung von Produkten zu tun haben – fast alles extrem extrovertierte Menschen! –, sind es immer noch 80%, die sich nicht wohl fühlen. Weniger als 0,0025% aller Befragten sagten, daß sie es wirklich genießen könnten, einen Raum zu betreten, in dem sich lauter fremde Menschen aufhalten. Nach einem Bericht der *New York Times* (30. Juni 1987) haben Untersuchungen ergeben, daß 40% aller Erwachsenen unter sozialen Ängsten leiden (Umfrage von Dr. Bella DePaulo, einer Psychologin der Universität von Virginia: »People Often Can't Judge How They Impress Others«). Auf einer Party, auf der sie niemanden kennen, bekommen 75% aller Erwachsenen Angstgefühle.

Sollten Sie sich also unwohl fühlen, wenn der bewußte Kunde Ihnen eine Einladung zum Wohltätigkeitsball zuschickt oder wenn Sie zum ersten Mal an einer Konferenz Ihres Berufsverbandes teilnehmen – dann tröstet es Sie vielleicht zu wissen, daß Sie nicht allein sind!

Sie befinden sich vielmehr in sehr guter Gesellschaft. Eigentlich wären Sie gar nicht *normal,* wenn Sie vor diesem Anlaß nicht auch ein wenig zitterten. Was möchten wir erreichen, wenn wir mit anderen Menschen zusammen sind? Wir möchten uns wohl fühlen – und anderen Menschen dabei helfen, sich ebenfalls wohl zu fühlen. Wir möchten es gerne schaffen, uns »unters Volk zu mischen« und dabei Kontakte zu knüpfen. Wir möchten beruflich ein paar Punkte dazugewinnen und unsere Zeit gut nutzen, selbst wenn es zunächst einmal nur darum geht, sich wieder einmal zu zeigen.

Dieses Buch ist für jede und jeden, die/der an bestimmten gesellschaftlichen Ereignissen teilnehmen muß –

seien dies nun Parties, Konferenzen, Tagungen, Messen, Spendensammelaktionen, Cocktailempfänge, Geschäftskonferenzen, Geschäftsessen, Wiedersehensfeiern, politische Versammlungen oder was es sonst noch geben mag. Es sind vor allem geschäftliche Kontakte, die uns hier interessieren, aber was wir sagen, gilt grundsätzlich für jeden Anlaß und für jede Altersgruppe. Wir werden einiges lernen, das uns helfen wird, uns sicher auf gesellschaftlichem Parkett zu bewegen.

Diese Redewendung weckt bei Ihnen vielleicht Vorstellungen von Frack und Handkuß. Daran habe ich natürlich nicht gedacht, als ich dieses Buch schrieb. Was mich beschäftigte, war vielmehr das Talent, sich zusammen mit anderen und vielleicht unbekannten Menschen *wohl zu fühlen* – und dabei gerade denen zu begegnen und sich mit denen zu unterhalten, mit denen man wirklich gerne Kontakt haben möchte. Ich werde Ihnen Tips geben, wie es gelingt, eine Beziehung herzustellen, die die Grundlage für eine Freundschaft sein könnte. Sie werden lernen, wie man lebendige und interessante Gespräche einleitet, wie man sie fortführt und wie man sie abschließt. Es geht *nicht* darum, Ihnen beizubringen, berechnend zu sein oder andere zu manipulieren. Wenn Sie andere Menschen nicht wirklich mögen, dann wird keine Technik und kein wohlgemeinter Tip Ihnen weiterhelfen können. Die Menschen spüren die Wahrheit, und auf Dauer lassen sie sich nicht täuschen. Sie spüren aber auch Herzlichkeit und ehrliches Interesse – und sie wissen das zu schätzen. Meine Faustregel ist: Nehmen Sie vor allem an einem gesellschaftlichen Ereignis teil, um

Spaß zu haben und den Kontakt mit anderen Menschen zu genießen. Die beruflichen Vorteile kommen dann ganz von selbst. Aber *gehen Sie* auf jeden Fall *hin!*

Unter Menschen zu gehen und Kontakte zu knüpfen ist ohne Zweifel ein Risiko. Wir könnten verletzt und zurückgewiesen werden – und der Gedanke hat, ich gebe es zu, etwas Deprimierendes. Aber wenn wir dennoch unseren Mut zusammennehmen, dann kann das Ergebnis auch sehr lohnend sein – persönlich wie beruflich!

In diesem Buch geht es auch darum zu verstehen, was uns davon abhält, solche Anlässe mit Gelassenheit und Vorfreude auf uns zukommen zu lassen, und was wir tun können, sie zu einer angenehmen, freudvollen und möglicherweise sogar nutzbringenden persönlichen Chance werden zu lassen. Es geht darum, daß wir uns selbst erlauben, bei jedem gesellschaftlichen Anlaß »wir selbst« zu sein und die Früchte unserer persönlichen Ausstrahlung zu ernten – sowohl in persönlicher als auch in beruflicher Hinsicht.

Übung macht *wirklich* den Meister! Ich möchte Ihnen Mut machen, an möglichst vielen gesellschaftlichen Anlässen teilzunehmen und die Verhaltensregeln, die ich Ihnen in diesem Buch gebe, einzuüben. Einige dieser Regeln könnten sich schon bald als wertvoll erweisen – andere wiederum sind vielleicht für Sie persönlich nicht sinnvoll. Auf jeden Fall gilt: »Versuch macht klug!« Bisher ist noch niemand daran gestorben, daß er Schnecken probiert oder die Einladung zum bunten Abend einer Wohltätigkeitsorganisation angenommen hat.

Vielleicht entdecken Sie, daß einige der Informationen,

die Sie in diesem Buch bekommen, Ihnen bereits bekannt sind und daß Sie einige der Verhaltensregeln bereits seit langem anwenden. Sehr gut! Das Buch soll dann nur als Gedächtnisstütze dienen und Ihnen vielleicht noch den »letzten Schliff« geben.

Die wichtigste Regel, die Sie auf diesen Seiten immer wieder finden werden: *Genießen Sie* das Ereignis!

Also: In die Startlöcher!

1

Die Hindernisse: Mutters düstere Prophezeiungen

Wenn es soviel Freude macht und soviel Nutzen bringt, sich auf gesellschaftlichem Parkett zu bewegen, warum bekommen wir dann Herzklopfen, feuchte Hände und glasige Augen, wenn wir nur daran denken?

Die Antwort: Vor vielen Jahren, noch auf dem Schoß unserer Mutter, sind Ihnen und mir bestimmte Überlebenstechniken beigebracht worden. Mutter war damals sehr um uns besorgt (»Ich meine es doch nur gut mit dir, Kind!«) – und jeder bestätigte, daß wir ihre Ratschläge befolgen sollten. Aber damals, als wir drei, vier oder sechs Jahre alt waren, sind diese Ermahnungen sehr viel sinnvoller gewesen als heute, wo wir zwanzig, vierzig, sechzig oder achtzig sind. Eine Stimme in unserem Unterbewußtsein wiederholt jedoch noch heute wie ein Endlostonband Mutters düstere Prophezeiungen – und es scheint, als hätten wir nicht begriffen, daß es an der Zeit ist, mal eine andere Platte aufzulegen. Heute sind wir nicht mehr das kleine Kind, das nach der sechsten Stunde allein durch den Verkehr nach Hause gehen muß. Die finsteren Warnungen haben sich leider im Laufe der

Jahre zu inneren Blockierungen verfestigt, die uns daran hindern, entspannt mit anderen Menschen zu kommunizieren. Unserer Mutter sollten wir deshalb keine Vorwürfe machen. Sie hat damals einfach nur ihr Bestes getan, um uns zu beschützen.

Es gibt fünf wesentliche Hindernisse auf unserem Wege zur Sicherheit auf gesellschaftlichem Parkett. Wer sie überwinden will, muß sie erst einmal kennenlernen.

Hindernis Nr. 1
»Sprich nicht mit Fremden«

Diese Warnung ist so typisch amerikanisch wie Hamburger mit Ketchup und so typisch deutsch wie Eisbein mit Sauerkraut. Häufig wird der erhobene Zeigefinger dazu gleich mitgeliefert. Als unsere Mutter uns damals diesen Ratschlag gab, war er durchaus sinnvoll, und er mag auch für unsere Kinder sinnvoll sein. Wir wollen schließlich auch nicht, daß unsere Kinder auf dem Heimweg von der Schule mit jedem Fremden sprechen – heute weniger als jemals zuvor. Allerdings ist es *nicht* sinnvoll, wenn wir ihn am ersten Tag an unserem neuen Arbeitsplatz befolgen oder auf einer Messe, auf der wir unser Produkt verkaufen wollen, auf einem Tanzfest oder bei einem Treffen der Repräsentanten unserer Berufsvertretung, wo die allerbesten Kontaktmöglichkeiten geradezu greifbar in der Luft liegen. Aber immer noch ertappen wir uns häufig selbst dabei, wie wir gelähmt in der Tür stehen, jenen imaginären Zeigefinger vor Augen und die Botschaft »Sprich nicht mit Fremden« im Hinterkopf. Also schweigen wir lieber. Statt auf irgend jemanden zuzugehen, stellen wir uns an ein hübsches, ruhiges Eckchen am kalten Büffet, stopfen hastig ein Lachsbrötchen in uns hinein, nippen an unserem Sektglas, lächeln verkrampft, ohne jemanden anzusehen – und fühlen uns entsetzlich schlecht.

So verpassen wir die besten beruflichen und menschlichen Chancen! Vielleicht gehen uns durch unsere Befangenheit sogar eine wunderbare Freundschaft oder ein wertvoller Kontakt verloren!

Das Leben ist wirklich zu kurz, um die besten Chancen zu verschenken und sich dabei auch noch schlecht zu fühlen!

Hindernis Nr. 2
»Warte ab, bis du jemandem vorgestellt worden bist.« (Das Scarlett-O'Hara-Syndrom)

Stellen Sie sich einmal Scarlett O'Hara vor: (Anm.: Heldin des amerikanischen Romans »Vom Winde verweht« von Margaret Mitchell. Der Roman spielt zur Zeit des amerikanischen Sezessionskrieges, 1861–1865. Scarlett O'Hara ist eine verwöhnte junge Frau aus den »besseren Kreisen«.) Sie steht auf den Stufen des Herrenhauses Tara, klappert kokett mit den Augendeckeln und flötet ihrem Gesprächspartner zu: »Mein Gott, wir sind einander ja überhaupt nicht vorgestellt worden.« Trotz ihrer Schönheit und ihres Charmes wäre Scarlett damit bei einer Geschäftskonferenz nicht besonders weit gekommen.

Zu Scarletts Zeit und in ihrem Milieu war jeder ängstlich auf gesellschaftliche Etikette und Anstandsregeln bedacht, und es gab Personen, gewöhnlich ältere Frauen, die kaum etwas anderes taten, als Unbekannte einander vorzustellen. Diese älteren Frauen hätten dann sicherlich dafür gesorgt, daß Sie jenen stattlichen, dunkelhaarigen Mann oder jene umwerfende Schöne kennengelernt hätten!

Aber die Zeiten haben sich heute Gott sei Dank geändert: Es gibt keine »Anstandsdame«, die Ihnen bei einer politischen Versammlung oder beim Cocktailempfang nach dem Vortrag dabei hilft, sich den anderen Teilnehmern vorzustellen. Dennoch meinen viele von uns immer noch, es sei »nicht passend«, mit jemandem zu reden, den man nicht kennt. Sicher: Ein Gespräch läßt sich *leichter* führen, wenn man einander förmlich vorgestellt worden ist. Man hat dann zumindest einen Anknüpfungspunkt: die Person, die vorgestellt hat. »Woher kennen Sie Peter?« Diese Frage fördert dann weitere Informationen über den Menschen, den Sie gerade getroffen haben, zutage und kann zu anderen Gesprächsthemen hinführen.

Aber bei den meisten gesellschaftlichen Anlässen können wir uns nicht darauf verlassen, irgend jemandem *vorgestellt* zu werden – geschweige denn den Leuten, die wir ganz besonders gerne kennenlernen möchten. Vielleicht stehen wir ein paar Augenblicke ganz allein da und müssen deshalb einfach auf jemanden zugehen und *uns selbst* vorstellen. Die Welt, in der Scarlett lebte, war eine andere als unsere heutige Welt. Schicken wir also Scarlett am besten auf ihr Landgut Tara zurück, und nutzen wir die Möglichkeiten, die sich uns in der heutigen Zeit bieten.

Hindernis Nr. 3
»Alles kommt zu dem, der warten kann«
(Der Ballköniginnenkomplex)

Sehen wir den Tatsachen ins Auge. Die Welt bahnt sich vielleicht mit Gewalt einen Weg zur Königin des Abschlußballs, aber nicht in allen Adern fließt blaues Blut. Und wenn der Abschlußball erst einmal vorbei ist, dann können es sich sogar die Ex-Königinnen nicht leisten, darauf zu hoffen, daß jedermann sich um sie bemühen wird.

Zu der Zeit, als wir das schönste Mädchen der Oberstufe und den Schulsprecher neidvoll von der Seite ansahen, weil sich jeder mit ihnen verabreden wollte, tröstete uns unsere Mutter: »Alles kommt zu dem, der warten kann.« Ganz im Gegenteil: Wer ewig wartet, zu dem kommen höchstens ein paar graue Haare – und vielleicht, wenn er im Stehen wartet, noch ein paar dicke Krampfadern!

Darauf zu warten, daß jemand auf Sie zukommen und sich Ihnen vorstellen möge, ist sinnlos. Es ist nämlich wahrscheinlich, daß Sie bis zum Ende aller Tage warten müssen – vielleicht, weil die anderen genauso warten wie Sie! Das »Wartespiel« ist eine schreckliche Zeitverschwendung, es macht überhaupt keinen Spaß und nagt erbarmungslos an Ihrer Selbstachtung.

Ich muß dabei an zahllose junge Leute – und an mich selbst als Teenager – denken. Als junges Mädchen saß ich oft stundenlang neben dem Telefon und wartete darauf, daß es läutete. Ich mußte schon früh lernen, daß sogar die Ballkönigin höchstpersönlich auf andere zugehen muß. Wieso sollte es heute anders sein?

Sogar der Erfinder einer schmerzlosen Mausefalle muß hinausgehen und die Welt darüber informieren. Wenn er das nämlich nicht tut, dann werden zwar die Mäuse einen sanften Tod sterben, aber er wird weder Geld verdienen noch berühmt werden. Einfacher, wenn auch weniger mäusefreundlich, wäre es dann für ihn gewesen, sich eine Katze zu kaufen.

Leute, die darauf warten, daß andere auf sie zukommen, trifft man häufig: als Mauerblümchen irgendwo in einer Ecke, neidvoll auf diejenigen schielend, die auf dem Empfang oder auf der Cocktailparty hier- und dorthin gehen und dabei neue Leute kennenlernen.

Erfolg bei ihren Mitmenschen haben natürlich nicht die Draufgänger und Drängler, die unsensibel sind für die Bedürfnisse anderer. Sicher ist es nicht sinnvoll, sich mit Gewalt in die Arme eines Fremden zu werfen oder ihn mit einer Hand auf seinen Stuhl am Konferenztisch niederzudrücken und mit der anderen Hand Dutzende von Visitenkarten in seine Jackentasche zu stopfen. Es ist dagegen durchaus sinnvoll und erfolgversprechend, sich jemandem freundlich zu nähern, ihn anzulächeln, sich vorzustellen und zu sagen: »Dies ist das erste Mal, daß ich an einer solchen Konferenz teilnehme. Sind diese Treffen immer so gut besucht?«

Wer unter dem Ballköniginnenkomplex leidet und darauf wartet, daß man sich ihm nähert, hat oft unbewußt akzeptiert, von jedermann und für alle Zeiten als schüchtern angesehen zu werden. Vielleicht ist er es gar nicht, aber zumindest wird er von anderen so betrachtet – und schließlich wird er sich selbst dafür halten.

Als Grundschullehrerin habe ich beobachtet, daß solche Charakterisierungen oft zu sich selbst erfüllenden Prophezeiungen wurden. Der »Klassenschreck« fand immer eine Möglichkeit, seinem zweifelhaften Ruf alle Ehre zu machen, und die »Schwatztante« (die heute eine wunderbare Gesprächspartnerin ist) bekam immer die meisten Eintragungen ins Klassenbuch.

Schüchternheit kann, so hat Professor Dr. Lynne Kelly von der Universität Hartford herausgefunden (»Professor treats problem of shyness«, *New York Times,* 3. Februar 1985), ein gelerntes Verhalten sein. Aber was wir lernen, können wir auch wieder ver-lernen.

»Die meisten Menschen sind in bestimmten Situationen schüchtern«, sagt Kellys Kollege, Dr. Robert Durn. Bestimmte Situationen rufen Angst in uns hervor. Ein Verkaufsgespräch, eine Produktvorführung oder ein Gespräch mit dem Klassenlehrer unseres Kindes kann uns soviel Herzklopfen bereiten, als müßten wir durch den großen Ballsaal eines der vornehmsten Hotels gehen und tausend Menschen drehten sich nach uns um.

Aber mit Hilfe von Training, Übung und mit den Möglichkeiten zur Verbesserung unserer Kommunikationsfähigkeit können wir unsere Schüchternheit vermindern – und sie vielleicht sogar ganz loswerden.

Führungspersönlichkeiten und Menschen, die Erfolg haben, haben es gelernt, ihre Schüchternheit zu überwinden. Sie warten nicht; sie gehen auf andere zu. In *The Magic of Thinking Big* sagt Dr. David Schwartz: »Den ersten Schritt zu machen und auf einen anderen Menschen zuzugehen ist ein Zeichen für wirkliche Führungsqualitäten ... immer ist der, der auf Sie zukommt und Ihnen die Hand hinstreckt, eine wirkliche Persönlichkeit.«

Hindernis Nr. 4
»Wer sich in Gefahr begibt, kommt darin um« (Das Risiko, zurückgewiesen zu werden)

Sie haben sich also ein Herz gefaßt und wollen auf einen anderen Menschen zugehen. Sie lächeln freundlich, sagen »guten Tag« und stellen sich ihm vor. Der andere wirft Ihnen einen Blick zu, der Ihnen signalisiert: »Sie sind mir völlig gleichgültig.«

Das tut natürlich weh. Niemand möchte zurückgewiesen oder mit Gleichgültigkeit behandelt werden. Immer, wenn wir uns anderen Menschen öffnen, steht unser empfindliches Ego auf dem Spiel.

Mutters düstere Prophezeiung »Wer sich in Gefahr begibt, kommt darin um« hat uns gelehrt, vor jedem Risiko zurückzuweichen – und es ist in jedem Fall ein Risiko, auf einen anderen Menschen zuzugehen.

Mir persönlich macht es Spaß, dieses Risiko als eine Herausforderung zu betrachten. Wer nichts wagt, gewinnt nicht! Wenn Sie kein Risiko eingehen und nicht auf andere Menschen zugehen, dann werden Sie niemals neue Freunde gewinnen oder neue Kontakte knüpfen können. Immerhin riskieren Sie doch auch jeden Tag Ihr Leben auf den Straßen und Autobahnen. Und ein Kratzer am Ego schadet uns, im Gegensatz zu einem schweren Autounfall, letztlich nur wenig!

Seien Sie beruhigt: Es gibt nur sehr wenige Leute, die offen feindselig oder unhöflich reagieren.

Hindernis Nr. 5
»Er/Sie will doch immer nur das eine!« (Zudringlichkeiten muß man vorbeugen!)

Vielleicht hatte Mutter in diesem Punkt irgendwo recht – allerdings hatte sie damals wohl die Gymnasiasten der 50er Jahre vor Augen. Gott sei Dank läßt der sexuelle Druck meist im Laufe der Jahre, auf dem Wege vom Turnhallen-Umkleideraum zum Konferenzraum, ein wenig nach.

Aber natürlich ist es immer möglich, daß ein herzliches, offenes, freundliches Verhalten als Einladung zu einem Abenteuer interpretiert wird. Vor allem Frauen reagieren sehr empfindlich, wenn sie in dieser Weise mißverstanden werden. Eine leichte Berührung des Oberarms, als Geste der Sympathie, kann von einigen Männern als feuriges sexuelles Interesse gedeutet werden.

Dennoch scheint mir die Warnung, die unsere Mutter damals aussprach, ein wenig übertrieben. Wir müssen als Erwachsene die Vorstellung ablegen, daß jedes Mitglied des anderen Geschlechts nur darauf warte, beim geringsten Anlaß über uns herzufallen. Mit solchen Vorstellungen würden *wir uns selbst* ins Gymnasium der 50er Jahre zurückversetzen ... und jener Lebensabschnitt ist doch Gott sei Dank vorbei! Wir haben ganz einfach nicht mehr die Zeit für solche Spielchen!

Das Risiko, die Hindernisse zu überwinden

Vor allem diese fünf Hindernisse oder inneren Blockierungen sind es, die uns daran hindern, auf andere Menschen zuzugehen und uns auf gesellschaftlichem Parkett sicher zu bewegen. Im nächsten Kapitel werden wir bestimmte Gegenmittel gegen jede dieser inneren Blokkierungen kennenlernen.

Es gibt aber noch eine weitere Möglichkeit, uns selbst in unseren Beziehungen zu anderen Menschen zu blokkieren. Es gibt viele Menschen, die sehr wenig Selbstvertrauen haben. Sie machen sich selbst so lange schlecht, bis sie überzeugt sind, daß sich niemand mit ihnen unterhalten möchte.

In *Talking To Yourself* behandelt Dr. Pamela Butler das Phänomen der Selbstgespräche. Wir führen häufig Zwiegespräche mit einem inneren Partner, der uns bestimmte Dinge einflüstert – manchmal, ohne daß wir uns dessen überhaupt bewußt wären. Dieser Partner kann uns entweder negativ oder positiv beeinflussen. Dr. Butler ist der Meinung, daß wir negative Einflüsterungen in positive, ermutigende Aussagen verwandeln können und daß wir von dieser Änderung der Einstellung zu uns selbst in allen Lebensbereichen profitieren werden.

Hier sind einige negative Einflüsterungen, die Ihnen vielleicht in den Sinn kommen, wenn Sie auf jemand anders zugehen möchten.

– Ich hatte schon immer Kontaktschwierigkeiten. So bin ich eben.

– Ich habe nichts Wichtiges oder Interessantes zu sagen. Ich werde mich nur blamieren. Ich sollte besser den Mund halten.

– Warum sollte mir jemand zuhören wollen? Alle diese Leute haben wichtigere Dinge zu tun.

Nehmen Sie sich einen Augenblick Zeit, um alle negativen Einflüsterungen, die Ihnen vielleicht in den Sinn kommen, aufzuschreiben. Und dann verändern Sie diese Aussagen in positive, ermutigende Feststellungen. Das könnte dann etwa so aussehen:

– Es macht mir Spaß, mich darin zu üben, mit anderen

Menschen Kontakte zu knüpfen, und ich mache dabei Fortschritte. Es bringt mir Freude, meine Fähigkeiten zu entwickeln.

– Ich möchte auf andere Menschen zugehen, und ich weiß, daß ich etwas Wertvolles anzubieten habe: mich selbst.

– Wir haben alle viel zu tun, aber jeder mag von Zeit zu Zeit auch gerne mit anderen Menschen zusammensein. Ich bin ein wertvoller, liebenswerter Mensch. Wenn ich auf einen anderen Menschen zugehe, dann ist dies ein Geschenk, das der andere wahrscheinlich auch zu schätzen wissen wird.

Veränderung ist ein Risiko

Jede Veränderung ist ein Risiko und bereitet zunächst ein wenig Unbehagen – selbst dann, wenn diese Veränderung positiv ist. Es ist stets ein wenig traurig, das alte Haus zu verlassen, selbst dann, wenn wir in ein sehr viel schöneres einziehen. Wir lassen das Alte und Vertraute hinter uns und betreten unbekannten Boden. Wie positiv die Veränderung auch sein mag – sei es, daß wir heiraten, unser Geschäft vergrößern, in eine aufregende neue Stadt ziehen oder eine andere berufliche Laufbahn einschlagen –, sie verursacht immer ein wenig Unbehagen.

Für die meisten Menschen ist es schon neu und ungewohnt, aktiv auf andere zuzugehen. Aber das Risiko lohnt sich fast immer. Wenn wir immer wieder unseren Mut zusammennehmen, dann werden wir uns von Mal zu Mal entspannter fühlen. Lassen wir es aber zu, daß die negativen Einflüsterungen uns überschwemmen, dann nehmen wir uns selbst jede Energie, und die Blokkierungen erscheinen zuletzt unüberwindlich.

Wie oft ist es schon passiert, daß Ihnen jemand vage bekannt vorkam, daß Sie sich aber scheuten, auf ihn/sie zuzugehen, weil Sie sich nicht ganz sicher waren? Das Schlimmste, was in solchen Situationen geschehen kann: Die Person ist wirklich nicht diejenige, für die Sie sie gehalten haben – und Sie lernen dadurch jemand Neuen kennen und gewinnen vielleicht sogar einen neuen Freund hinzu.

1981 nahm ich zum ersten Mal an einer Konferenz der Vertreter meines Berufsverbandes teil. Einer der Teilnehmer sah aus wie jemand, den ich im Juni des Vorjahres auf einem Karriere-Trainingskurs kennengelernt hatte. Er stand ganz allein an der Bar. Als ich ihn sah, schossen mir mehrere Fragen durch den Kopf. Wenn er nun nicht der Mann wäre, den ich getroffen hatte, sondern nur sein Doppelgänger? Würde er es für einen plumpen Annäherungsversuch halten, wenn ich ihn anspräche? Auf der anderen Seite könnte er sich natürlich beleidigt fühlen, wenn ich ihn überginge! Sollte ich auf ihn zugehen und ihm »guten Tag« sagen – oder sollte ich darauf warten, daß er sich mir näherte?

Am unangenehmsten wäre es, so entschied ich, wenn er wirklich derjenige wäre, den ich getroffen hatte, und wenn er dächte, ich wollte ihn absichtlich ignorieren. Also ging ich auf ihn zu und sprach ihn auf die Konferenz im Juni des vergangenen Jahres an. Er war *nicht* der

Mann, den ich damals kennengelernt hatte; dennoch entwickelte sich ein Gespräch, das für uns beide sehr interessant war.

Er hatte die »Karriere«-Serie im *San Francisco Examiner* gelesen und erinnerte sich an verschiedene meiner Beiträge. Mein Herz schlug höher, als ich das hörte. Ich war froh, daß ich mein anfängliches Zögern überwunden hatte. Die Vorteile, die mir daraus erwuchsen, waren unschätzbar. Wir sind Freunde geworden, und jeder von uns spielt inzwischen im Leben des anderen eine sehr bedeutsame Rolle. Wir erzählen uns manchmal gegenseitig die Geschichte unseres seltsamen ersten Treffens und lachen dann immer wieder über meinen kecken Satz: »Kennen wir uns nicht?«

Viele meiner Kollegen nehmen an geschäftlichen Treffen teil, die unter der Schirmherrschaft der Handelskammer stehen. Bei einem solchen Treffen erblickte einer meiner Freunde einmal eine Frau, die ihn faszinierte. Er beobachtete, wie sie redete, lachte und vor Lebenslust sprühte. »Ich wollte sie wirklich gerne kennenlernen«, erzählte er. »Sie hatte eine so warme und positive Ausstrahlung. Und sie konnte wunderbar lachen. Aber alles, was mir in den Sinn kam, waren jene selbstkritischen Kommentare, mit denen ich mich überzeugte, daß sie mich sicher ablehnen würde. So habe ich es nicht gewagt, mich ihr vorzustellen. Wie schade!«

Eine andere Bekannte war viel mutiger. Auf einer Party beschloß sie, sich das zu »holen«, was sie gerne haben wollte, und einen der Männer, die sie getroffen hatte, zum Tanzen aufzufordern. Eleonore (ich habe ihren Namen geändert) hatte sich zwar eine Romanze und nicht nur einen Austausch von Visitenkarten erhofft, aber dazu kam es nicht. Sie erzählte mir, daß sie enttäuscht gewesen sei, aber zugleich auch ein wenig stolz, daß sie den Mut gehabt hatte, eine Zurückweisung zu riskieren. Sie probierte eine neue Verhaltensweise aus ... und niemand riß ihr deshalb den Kopf ab! Das nächste Mal wird sie weniger Hemmungen haben, auf einen anderen Menschen zuzugehen.

Fassen Sie sich ein Herz

Niemand kann Ihnen den Mut einflößen, sich einem fremden Menschen vorzustellen. Und natürlich wäre dieser Mut bei einigen Menschen gar nicht angebracht! Verlassen Sie sich deshalb auf Ihr Gefühl, und halten Sie sich darüber hinaus an diejenigen, die Ihnen signalisieren, daß sie sich eine Annäherung wünschen.

Eine Möglichkeit, sich selbst Mut zu machen, um ein Risiko auf sich zu nehmen, ist die Frage: »Was ist das Schlimmste, was passieren kann?« Sie werden erkennen, daß es meist nicht um Leben oder Tod geht. Keine Katastrophe wird hereinbrechen – und selbst wenn sie hereinbräche, würden Sie sie überleben.

Lisa Miller, eine Reiseleiterin, hatte lange Zeit auch mit der Angst vor Zurückweisung zu kämpfen. Sie erzählte mir: »Plötzlich wurde mir klar: Das Schlimmste, was passieren könnte, wäre, daß irgend jemand aus der Reisegruppe mich ablehnen oder über mich lachen würde.

Na und? Unter all den Teilnehmern gäbe es sicher *einen* Menschen, der mich sympathisch fände! Diese Einsicht gab mir den Mut, es immer wieder zu versuchen. Und heute ist meine Tätigkeit als Reiseleiterin für mich eher ein Vergnügen als harte Arbeit.«

Kurz und bündig

»Mutters düstere Prophezeiungen« kommen noch heute, wie eine Stimme aus dem Grammophon, aus unserem Unterbewußtsein. Machen Sie sich klar, welche Gedanken Sie daran hindern, das Beste aus einer Party oder aus einem Geschäftstreffen zu machen:

– Sprich nicht mit Fremden.

– Warte, bis der andere dir vorgestellt worden ist. (Das Scarlett-O'Hara-Syndrom)

– Alles kommt zu dem, der warten kann. (Der Ballköniginnenkomplex)

– Wer sich in Gefahr begibt, kommt darin um. (Das Risiko, zurückgewiesen zu werden)

– Er/sie will doch nur das eine. (Zudringlichkeiten muß man vorbeugen)

Machen Sie sich diese negativen Einflüsterungen bewußt! Sie sind für Ihr jetziges Leben nicht mehr gültig! Auf Leute zuzugehen ist riskant, aber die Vorteile wiegen das anfängliche Herzklopfen bei weitem auf.

2

Gegenmittel: Wie Sie Ihre inneren Blockierungen loswerden

Jetzt also die gute Nachricht: Gegen jede Ihrer inneren Blockierungen gibt es ein Gegenmittel. Wenn Sie es kennen, werden Mutters düstere Prophezeiungen Sie nicht mehr in Ihrer persönlichen Entwicklung behindern!

Gegenmittel Nr. 1
Definieren Sie den Begriff »Fremder« neu

Was hat Mutter damals gesagt? Sie sollten nicht mit Fremden reden? Sicher: Ein wenig Vorsicht ist durchaus angebracht. Wahrscheinlich ist eine Straßenecke nicht der richtige Ort, um neue Kontakte zu knüpfen. Und Sie begegnen immer wieder Menschen, mit denen Sie sich unbehaglich fühlen. Als Faustregel gilt: Folgen Sie Ihrem Gefühl – gerade auch beim Umgang mit Fremden!

Wenn Sie aber an einem Treffen mit Berufskollegen teilnehmen, dann sind Sie doch eigentlich nicht unter »Fremden«. Wenn Sie einen Elternabend Ihres Sohnes besuchen, dann kennen Sie vielleicht keine der Mütter und keinen der Väter, die mit Ihnen im Raum sitzen, aber Sie alle haben ein gemeinsames Interesse: guten Unterricht für Ihre Kinder. Wenn Sie ein neu eröffnetes Fitness-Studio besuchen, in eine Kirche oder Synagoge gehen, an einem Rote-Kreuz-Treffen oder an der Ortsvereinssitzung »Ihrer« Partei teilnehmen, dann teilen Sie mit den anderen Anwesenden auf jeden Fall *ein bestimmtes Interesse.*

Auf einer Party kennen Sie wahrscheinlich den Gastgeber oder die Gastgeberin und auf einer Hochzeit die Braut oder den Bräutigam. Und wenn Sie auf der Zuschauerbank im Fußballstadion sitzen, dann haben Sie ganz bestimmt etwas mit den Zuschauern in Ihrer Umgebung gemeinsam.

Überlegen Sie einmal, was Sie bei einem bestimmten Anlaß mit denen, die auch teilnehmen, gemeinsam haben. Wenn Sie in dieser Weise vorausplanen, dann sind Sie sehr viel gelassener. Mit Berufskollegen teilen Sie bestimmte Interessen – und ebenso mit denen, die etwas über Ihre Arbeit wissen möchten oder über deren Arbeit Sie selbst etwas wissen möchten. Menschen, die Sauerstoffapparate verkaufen, Operationen durchführen, medizinische Geräte reparieren und Versicherungsfälle bearbeiten, finden sicher ein Gesprächsthema. Sie haben nämlich alle mit Krankenhäusern zu tun. Wenn Sie sich freiwillig für eine Talkshow im Radio oder für die Organisation des Karnevalsumzugs zur Verfügung stellen, dann haben Sie mit den anderen Gesprächsteilnehmern oder den anderen Karnevalsgecken etwas gemeinsam. Für alle

Leute mit Kindern ergibt sich spontan ein interessantes Gesprächsthema – seien sie nun von Beruf Konstrukteure, Musiker, Gebrauchtwagenverkäufer oder Verwaltungschefs.

Wer sich klarmacht, was er mit anderen gemeinsam hat, kann leichter auf sie zugehen!

Verlassen Sie sich bei der Annäherung an Menschen, die Sie nicht kennen, auf Ihr Gefühl und Ihren gesunden Menschenverstand, und überdenken Sie ein wenig Ihre Definition des Wortes »Fremder«. Ob Sie nun an einem Galadiner zugunsten der Krebshilfe teilnehmen, an einem Betriebsfest Ihrer Ehefrau oder am Sportvereinsfest Ihres Sohnes – Sie haben bereits einen wunderbaren »Eisbrecher« an der Hand, wenn Sie sich darauf besinnen, was Sie mit den anderen Gästen dieser Veranstaltungen gemeinsam haben!

Gegenmittel Nr. 2
Üben Sie, sich selbst vorzustellen

Zu Scarlett O'Haras Zeiten war es wichtig, daß man einander vorgestellt wurde, aber wir leben heute in einer ganz anderen Welt. Möglicherweise werden wir keinen einzigen neuen Menschen kennenlernen, wenn wir immer darauf warten, daß eine gute Fee erscheinen und uns vorstellen möge! Natürlich steht es uns frei, in einer Ecke des Raumes Wurzeln zu schlagen und neidvoll die »Kontaktmenschen« zu beobachten, die sich charmant anderen nähern, sich gerne und angeregt unterhalten und es dabei noch verstehen, plaudernd von einem zum anderen weiterzugehen.

Bei manchen Anlässen gibt es übrigens ein »Begrüßungskomitee«, das Ihnen vielleicht weiterhilft. Das Problem ist nur, daß nicht jedes Mitglied dieses Komitees weiß, wer Sie sind, wen Sie treffen möchten oder wie man Menschen einander vorstellt – und so erweist sich dieses Komitee vielleicht nicht einmal als besonders hilfreich. Sollte den Mitgliedern dieses Komitees das Geschick, die Information, die Kontaktfähigkeit oder alles zusammen fehlen, so darf das kein Grund für Sie sein, wertvolle Chancen verstreichen zu lassen.

Eine Regel gilt immer: Wir müssen uns im Leben selbst darum bemühen, das zu bekommen, was wir uns wünschen. Deshalb müssen wir lernen, uns selbst vorzustellen, und zwar so, daß der andere aufhorcht.

Was Sie über sich selbst sagen möchten, wird wahrscheinlich entsprechend dem Anlaß unterschiedlich sein. Bei einem Empfang der Handelskammer sollten Sie beispielsweise Ihren Namen nennen und kurz beschreiben, was Sie beruflich tun. Aber bei einem rein gesellschaftlichen Anlaß ist Ihr Beruf vielleicht bei weitem nicht so wichtig wie die Frage, woher Sie den Gastgeber oder die Gastgeberin kennen.

Als ich beispielsweise bei meiner Nachbarin eingeladen war, deren Tochter heiratete, habe ich mich nicht als Autorin oder professionelle Vortragsreisende vorgestellt. (Allerdings hatte ich vorsorglich einige Visitenkarten in mein Abendtäschchen gesteckt.) Statt dessen sagte ich (bedächtig, weil die grammatische Konstruktion nicht ganz einfach ist): »Ich bin ... die Nachbarin ... der Mutter ... der Braut.«

Zu einer geschickten Selbstvorstellung gehört, daß Sie Ihren Namen nennen und etwas über sich selbst erzählen, durch das deutlich wird, was Sie mit den anderen Leuten, die zu diesem Anlaß erschienen sind, gemeinsam haben. Diese Selbstvorstellung braucht nicht lang zu sein, nur ungefähr acht bis zehn Sekunden. Kein umfassender Vortrag zu Ihrer Person! Aber Ihre Selbstvorstellung sollte doch die wesentlichen Informationen enthalten – und vielleicht irgend etwas Interessantes, das einen Gesprächsaufhänger bieten könnte.

»Guten Tag. Ich bin Hans Müller. Ich bin Repräsentant des Büros in Frankfurt.«

»Guten Tag. Ich bin Karin Meyer. Die Braut und ich waren Zimmernachbarinnen im Studentenwohnheim.«

»Guten Tag. Ich bin Elke Weiß. Ich nehme zum ersten Mal an einer solchen Konferenz teil. Sind Sie Mitglied dieser Organisation?«

Vielleicht klopft Ihnen zunächst bei einer solchen Selbstvorstellung das Herz bis zum Halse; wenn Sie sich aber die Situation vorher bereits in Ihrer Phantasie ausmalen, dann werden Sie sich schon viel entspannter fühlen – und Sie werden ein wunderbares Mittel gegen das Scarlett-O'Hara-Syndrom an der Hand haben.

Gegenmittel Nr. 3
Spielen Sie nicht Gast, sondern Gastgeber

Schon mancher, der darauf wartete, daß ihm alles Gute in den Schoß fiel, ist darüber alt und grau geworden. Probieren Sie einmal ein anderes Verhalten aus!

Dr. Adele Scheele, Verfasserin des Buches *Skills For Success*, hat festgestellt, daß Menschen dort, wo sie mit anderen Menschen zusammentreffen, dazu neigen, entweder die Rolle des »Gastgebers« oder des »Gastes« zu spielen.

Die Gastgeber zeigen sich von ihrer charmantesten Seite: Sie knüpfen Kontakte, schneiden interessante Gesprächsthemen an, stellen die Gäste einander vor und tragen dazu bei, daß jedermann sich wohl fühlt.

Das »Gast«-Verhalten sieht ganz anders aus. »Gäste« warten darauf, daß jemand ihnen den Mantel abnimmt, ihnen einen Drink anbietet und sie allen anderen vorstellt. Nicht selten warten sie so lange, bis die letzte Kerze ausgeblasen ist. Meist schleichen sie sich in irgendeine Ecke und harren dort aus, bis jemand sie erlöst. Während sie sich nichts sehnlicher wünschen als Kontakt, wird ihr Verhalten von anderen Gästen meist als »unnahbar« interpretiert.

Die Brücke zum anderen, so sagt Dr. Scheele, ist leicht zu schlagen: Spielen Sie einmal den »Gastgeber«. »Gastgeber« machen sich nützlich, »Gäste« dagegen nicht. Nach einem Vortrag, den ich vor der *National Speakers' Association* in San Francisco hielt, fragte mich mein Kollege Winston Hoose: »Susan, wo hast du es gelernt, eine so wunderbare Gastgeberin zu sein?« Meine Antwort kam prompt: »Meine Mutter hat es mir beigebracht!« Die meisten von uns wissen, was sie tun müssen, wenn sie in der Rolle des Gastgebers oder der Gastgeberin sind.

Fast jeder hat schon einmal bei sich zu Hause eine Party gegeben oder auch nur zum Bier, zur Pizza oder zum Freitagabendkrimi eingeladen. Und selbst wenn dies nicht der Fall war, so haben wir doch andere Leute dabei beobachtet, wie sie Gäste bewirteten – etwa unsere Eltern, unsere Freunde oder den Restaurantbesitzer, der natürlich auch auf seine Gäste zugehen und sich um ihr Wohlbefinden kümmern muß. Einige Menschen haben ihr Talent zum Gastgeber stärker gepflegt und entwickelt als andere, aber die gute Gabe schlummert in uns allen.

Was genau tut ein Gastgeber? Im Grunde genommen ist es seine Aufgabe, auf die Gäste zuzugehen und dafür zu sorgen, daß sie sich wohl fühlen. Wenn Sie eine Party geben wollen, dann machen Sie zunächst einmal eine Gästeliste und planen, was es zu essen und zu trinken geben soll. Sie räumen die Garderobe frei. Wenn die Gäste ankommen, dann heißen Sie sie im Flur willkommen, nehmen ihnen den Mantel ab und bitten sie herein. Sie lächeln und wechseln zur Begrüßung ein paar Worte mit ihnen. Sie stellen sie den anderen Gästen vor und erwähnen kurz irgendwelche Gemeinsamkeiten, die zum Gesprächsthema werden könnten. Vielleicht erzählen sie eine kleine Geschichte oder erwähnen eine interessante Information über den neuen Gast. Am Ende des

Abends sind sie bei der Mantelsuche behilflich und danken jedem dafür, daß er gekommen ist.

Die meisten von uns waren schon einmal in dieser Rolle, aber vielleicht sind wir aus irgendeinem Grunde aus der Übung gekommen. Wir sollten unsere verschütteten Talente wieder ausgraben. Sie wissen doch: Übung macht den Meister! Sie werden sich schon bald an all die Dinge erinnern, die Ihnen Ihre Mutter damals beigebracht hat, und sich in der Gastgeberrolle zunehmend wohler fühlen. Wenn Sie Hemmungen haben, dann ist es immer sehr hilfreich, stärker an das Wohlbefinden eines anderen Menschen als an sich selbst zu denken. Sie werden sich bald auch *in Ihrer eigenen Haut* wohler fühlen.

Bei bestimmten Anlässen können Sie sich natürlich durchaus auch als freiwilliges Mitglied des Empfangskomitees zur Verfügung stellen. So lernen Sie jeden kennen, der die Schwelle überschreitet; es ist dann Ihre *Aufgabe*, auf Menschen zuzugehen und ihnen dabei zu helfen, sich wohl zu fühlen. Sie haben also etwas Bestimmtes zu tun: genau das, was Sie sowieso tun möchten – andere Menschen kennenlernen und neue Kontakte knüpfen.

Aber Vorsicht: Sie müssen ein echtes Interesse an Ihren »Gästen« haben. Wenn Sie sich nichts aus den Leuten machen, denen Sie begegnen und die Sie begrüßen, dann wird der Dialog schnell abreißen!

Wenn Sie aber die Rolle des Gastgebers gern übernehmen, dann ist dies ein wunderbar wirksames Mittel gegen den »Ballköniginnenkomplex«. Sie können dann auf dieser Konferenz oder Party Ihren ganzen Charme spielen lassen. Sie fühlen sich wohl dabei, auf andere zuzugehen, und *die anderen Teilnehmer werden sich zu Ihnen hingezogen fühlen.*

Gegenmittel Nr. 4
Unhöfliches Verhalten ist wie ein Grippevirus – machen Sie sich so schnell wie möglich davon!

Wenn wir große Angst davor haben, abgelehnt zu werden, dann könnte das allein aus diesem Grunde wirklich geschehen! Natürlich kommt es oft auch vor, daß uns jemand zurückweist, wenn wir es gar nicht erwartet haben. Es kränkt uns, wenn wir auf jemanden zugehen, die Hand ausstrecken, freundlich lächeln, uns vorstellen und einen eiskalten Blick ernten.

Mein Rat: *Kümmern Sie sich nicht darum, und wenden Sie sich jemand anderem zu!* Heben Sie den Fehdehandschuh nicht auf. Der andere ist vielleicht gerade in der Stimmung, einen riesigen Krach zu inszenieren, und es ist sinnlos, auf seine Ebene hinabzusteigen. Das Verhalten des Grobians hat wahrscheinlich mit Ihnen persönlich gar nichts zu tun; vielleicht ist er ein ungehobelter Mensch oder schlecht gelaunt. Reagieren Sie auf ihn so, wie Sie auf einen tödlichen Grippebazillus reagieren würden – und machen Sie sich aus dem Staub!

Gegenmittel Nr. 5
Lästigen Annäherungsversuchen können Sie rechtzeitig vorbeugen

In Zeiten, in denen – wie heute – Männer und Frauen eng zusammenarbeiten, müssen wir uns eindeutig und unmißverständlich verhalten! Sie müssen einige Regeln beachten, damit Ihre Worte, Gesten, Ihre Kleidung und Ihre Verhaltensweise nicht als anzüglich mißverstanden werden.

Zuallererst aber müssen Sie sich fragen, ob Ihr Verhalten *wirklich* falsch interpretiert wird oder ob Sie, bewußt oder unbewußt, sich eine kleine Romanze wünschen. Ihre Absichten müssen eindeutig sein; das kommt auch Ihren geschäftlichen Beziehungen zugute.

Wenn Sie *keine* verborgenen Absichten haben und wenn Sie keine Mißverständnisse hervorrufen möchten, dann müssen Sie die folgenden Regeln beachten:

– Kleiden Sie sich nicht so, daß Sie einen falschen Eindruck erwecken könnten. Im Büro sind provozierende Kleidungsstücke, etwa tief ausgeschnittene oder durchsichtige Blusen, verboten!

– Hüten Sie Ihre Zunge: keine Doppeldeutigkeiten und keine anzüglichen Kommentare!

– Machen Sie sich Ihre eigene Körpersprache bewußt!

– Machen Sie sich klar, was Sie wollen. Bleiben Sie sachlich!

– Vielleicht sollten Sie Ihre sexuelle Ausstrahlung sogar ein wenig unter den Scheffel stellen, zumindest in

Situationen, in denen man auf falsche Gedanken kommen könnte.

Wir können die Gedanken und Handlungen anderer Menschen nicht kontrollieren, aber wir können uns bewußtmachen, welche Signale wir aussenden – und entscheiden, ob wir das tun möchten oder nicht.

Seien Sie in jedem Fall freundlich und offen – aber zugleich auch ein wenig vorsichtig.

Alle diese Ratschläge lassen sich auf einen Nenner bringen: Sie müssen sich *eindeutig* verhalten! Ein klares, unmißverständliches Verhalten macht sich im Umgang mit anderen Menschen auf jeden Fall bezahlt! Ich werde das im nächsten Kapitel noch ausführlich erläutern.

Kurz und bündig

Jede Ihrer inneren Blockierungen hat auch etwas Gutes: Sie zwingt Sie dazu, das Gegenmittel zu finden und Ihre Persönlichkeit weiterzuentwickeln. Mit ein wenig Übung, Risikobereitschaft und einigen bewährten Benimmregeln im Kopf werden jene finsteren Prophezeiungen Sie in Zukunft nicht mehr daran hindern können, bei gesellschaftlichen Anlässen zu strahlen. Sie werden schon bald merken, daß Mut sich bezahlt macht: Sie gewinnen gute Kontakte, Wohlbefinden und das Gefühl, das Beste aus Ihrer Zeit zu machen.

Blockierung	*Gegenmittel*
Sprich nicht mit Fremden!	*Definieren Sie den Begriff »Fremder« einmal anders!**
Warten Sie, bis man Sie förmlich vorstellt. (Das Scarlett-O'Hara-Syndrom)	*Üben Sie, sich selbst vorzustellen!*
Alles kommt zu dem, der warten kann. (Der Ballköniginnenkomplex)	*Verhalten Sie sich wie ein Gastgeber, nicht wie ein Gast!*
Wer sich in Gefahr begibt, kommt darin um! (Das Risiko, zurückgewiesen zu werden)	*Reagieren Sie auf Unhöflichkeit wie auf einen Grippebazillus – und machen Sie sich aus dem Staub!*
Er/sie will doch immer nur das eine! (Zudringlichkeiten muß man vorbeugen!)	*Behalten Sie die Situation unter Kontrolle, solange noch Zeit dazu ist!*

* Viele Menschen leiden unter »angeborener« Schüchternheit. Ihnen seien die beiden Ratgeber aus dem Oesch Verlag empfohlen:

- Patricia Mansfield: **Nur nicht so schüchtern!** Wie man Hemmungen und Befangenheit ablegt und selbstbewußt denken und handeln lernt. 2. Auflage.
- Lillian Glass: **Sag doch einfach, was du denkst!** Wie man selbstbewußt kommuniziert und die Initiative ergreift. 3. Auflage.

3

Dabeisein lohnt sich

Sind Sie jemals zu einem Abendessen, einem Empfang oder einer Konferenz eingeladen worden, an der Sie unbedingt teilnehmen mußten, von der Sie aber nichts anderes erwarteten als bleierne Langeweile? Nur widerwillig schleppten Sie sich dorthin, harrten mißmutig eine Weile aus und kamen heim mit dem Gefühl, drei kostbare Stunden Ihres Lebens seien im Sand verronnen.

Hätten Sie ein wenig besser geplant, so wäre das nicht passiert. Das gesellschaftliche Ereignis, von dem man überhaupt nichts hat, nicht einmal ein wenig Unterhaltung, existiert nämlich gar nicht! Wir können jene »lästigen« Einladungen in Chancen verwandeln, die wir mit Freude wahrnehmen!

Lästige Pflicht oder willkommene Gelegenheit?

Um wirklich Lust zu bekommen, auf andere Menschen zuzugehen und Kontakte zu knüpfen, können wir uns auch selbst ein wenig motivieren. Es hilft, wenn wir uns klarmachen, *warum* wir an einem bestimmten Ereignis teilnehmen – ob es sich nun um eine Cocktailparty, eine Vorstandssitzung oder einen Elternabend handelt. Der Nutzen, den Sie für sich persönlich daraus ziehen können, wird bei jedem dieser Anlässe unterschiedlich sein, aber Sie sollten in jedem Fall immer im Auge behalten, was Sie *wollen.* Warum haben Sie sich entschlossen, Ihre Zeit auf dem Empfang zu verbringen, anstatt endlich den Bericht zu schreiben, Dallas zu sehen, Ihren Golfschlag zu üben, den Kindern bei den Schularbeiten zu helfen, zu joggen oder Ihre Verwandten zu besuchen?

Es gibt nur einen Menschen, der diese Fragen beantworten kann: *Sie selbst.*

Was möchten Sie erreichen?

Bevor Sie eine Einladung annehmen, fragen Sie sich, was Sie gerne erreichen möchten – beruflich und/oder persönlich.

Es ist wichtig, sich über diesen möglichen Nutzen *vorher* klarzuwerden. Machen Sie sich bewußt, daß geschäftliche Anlässe auch für Sie persönlich Früchte tragen können und daß Sie bei privaten Einladungen vielleicht auch beruflich profitieren. Eines steht fest: Ihr Einsatz an Zeit und Energie sollte sich auch lohnen!

In meinen Vorträgen gebe ich den Zuhörern immer ein paar Minuten Zeit, um aufzuschreiben, welche Vorteile es ihnen bringt, wenn sie entspannt auf Menschen zugehen und leicht Kontakte knüpfen können. Das Ergebnis sieht dann etwa so aus:

Berufliche Vorteile

1. Ich habe mich selbst als dynamisch erlebt und gelernt, daß ich der Situation gewachsen bin.
2. Ich habe interessante neue Menschen kennengelernt.
3. Ich habe meine Geschäftsbeziehungen ausgebaut und potentielle Kunden geworben.
4. Ich habe neue Einsichten/Informationen dazugewonnen.
5. Ich habe meine Geschäftsverbindungen und mein Einkommen verbessert.
6. Ich habe meine Karriere gefördert.
7. Ich habe ein paar angenehme Stunden verbracht und mich *vergnügt.*

In der Tat: Wer einer beruflichen Verpflichtung nachkommt, kann sich dabei durchaus auch gut amüsieren. Meist ist gerade der, der die Gesellschaft anderer Menschen genießen kann, auch ein guter Geschäftsmann!

Persönliche Vorteile

1. Wohlbefinden
2. Selbstvertrauen
3. Neue Kontakte/Freunde
4. Ein Wissenszuwachs
5. *Vergnügen*

Der Faktor »Vergnügen«

Es ist kein Zufall, daß in beiden Listen der Gesichtspunkt »Vergnügen« auftaucht. Wer würde wohl irgendwo hinfahren, einen Parkplatz suchen und sich mit Menschen unterhalten wollen, wenn er sich dabei doch nur unwohl fühlte?

Wenn wir uns motivieren wollen, an einer Konferenz, Party oder Tagung teilzunehmen, dann müssen wir uns einmal die Vorteile vor Augen halten, die uns persönlich daraus erwachsen können.

Natürlich genügt es nicht, nur für uns selbst »das Beste herauszuschlagen«. Beziehungen zwischen Menschen sind immer ein Geben und Nehmen. Jeder, der an einem beruflichen oder gesellschaftlichen Ereignis teilnimmt, hat bestimmte Informationen, Ratschläge, Tips oder Ideen, die wiederum anderen nützen können.

Motivation

Unsere Motivation spielt eine entscheidende Rolle. Wir müssen uns die Vorteile in unserer Phantasie recht deutlich ausmalen und uns dann von dieser Phantasie inspirieren und anspornen lassen.

Mit ein wenig Übung wird es leichter, die Vorteile zu erkennen. Ich bitte meine Zuhörer häufig, sich einmal ihre letzte Party oder Konferenz ins Gedächtnis zu rufen. Sie sollen dann, anhand ihrer nachträglichen Einsichten, sich einmal die Vorteile ausmalen, die sie gehabt hätten, wenn sie wirklich das Beste aus dieser Gelegenheit gemacht hätten. Es ist sehr sinnvoll, diese Vorteile *aufzuschreiben*. Versuchen Sie das Spiel doch auch einmal!

Anlaß ____________________

Gastgeber ____________________

Zweck ____________________

Ort ____________________

Teilnehmer ____________________

Grund für Ihre Teilnahme ____________________

Mögliche berufliche Vorteile:

1. ____________________

2. ____________________

3. ____________________

4. ____________________

5. ____________________

Mögliche persönliche Vorteile:

1. ____________________

2. ____________________

3. ____________________

4. ____________________

5. ____________________

Natürlich können die persönlichen Vorteile mindestens ebenso wichtig sein wie die beruflichen! Die Kontakte, die Sie bei einem privaten Anlaß knüpfen, können zu dauerhaften Freundschaften werden, die Ihr ganzes Leben bereichern.

Gary Rosenberg, der in Los Angeles gesellschaftliche

Ereignisse plant und organisiert, nahm an einer Konferenz von *Meeting Planners International* teil. Dort traf er Ken Solano, den Dekan der *Northeastern University*, der seitdem einer seiner engsten Freunde ist. »Irgendwie fanden wir uns gegenseitig sofort sympathisch und sorgten dafür, daß wir uns auch in Zukunft nicht aus den Augen verloren. Wäre einer von uns beiden sehr verschlossen und zurückhaltend gewesen, dann hätte unsere Freundschaft sich nicht entwickeln können«, erzählt Gary.

In freundschaftlichen und auch in beruflichen Beziehungen macht sich Kontaktpflege bezahlt! Auf einem Treffen von Seminarleitern und berufsmäßigen Vortragsreisenden traf ich Dr. Johnny Miller, einen Professor an der *Kent State University*. Wir sind seitdem in Kontakt geblieben, und als einer seiner Freunde, Charles Amico, nach San Francisco umzog, rief er mich an; jetzt habe ich noch einen *weiteren* Freund hinzugewonnen.

Vielleicht haben auch Sie einmal bei einem zufälligen Treffen einen neuen Freund gewonnen. Auch bei geschäftlichen Anlässen sind schon oft neue Freundschaften entstanden!

Mehr und mehr Kontakte – Die Adreßkartei der Millionäre

Die Fähigkeit, auf Menschen zuzugehen und Kontakte zu knüpfen, bringt einen Vorteil, der ungewöhnlich und einzigartig ist: Ihre Adreßkartei schwillt mächtig an! Es gibt also zumindest eines, was Sie mit Millionären gemeinsam haben! Thomas Stanley, ein Professor an der *Georgia State University*, befragte für sein Buch *Marketing to the Affluent* 2000 Millionäre. Er entdeckte, daß alle über eine sehr umfangreiche Adreßkartei verfügen!

Er sagt auch, diese Leute hätten einen »besonderen Spürsinn für fruchtbare Kontakte«. Sie würden nicht einfach nur Visitenkarten einstecken, sie hätten auch eine Antenne dafür, wer bereit und fähig sein könnte, ihnen zu helfen, mit wem sie Informationen austauschen und mit wem sie vielleicht ein Geschäft machen könnten. Eine Adreßkartei ist nutzlos, wenn wir sie nicht, wie die Millionäre, deren Leben und Persönlichkeit Stanley untersuchte, als eine fortwährend sprudelnde Quelle für Menschen, Ideen und Ratschläge ausschöpfen.

Wer an gesellschaftlichen Anlässen teilnimmt und auf Menschen zugehen kann, hat bald sehr viele Freunde und Bekannte. Stanley fand heraus, daß Millionäre einen sehr großen Bekanntenkreis haben, daß sie in ihren Beziehungen zu anderen Menschen ebensoviel Mut und Initiative beweisen wie in ihren Geschäftsbeziehungen.

Ein Geben und Nehmen

Wir alle, jeder von uns, haben etwas, womit wir anderen nützen und helfen können. Wir können Informationen, Ratschläge, Hinweise oder Ideen anbieten – oder einfach unsere Aufmerksamkeit.

Kurz und bündig

Wir können es lernen, uns für bestimmte gesellschaftliche Ereignisse zu motivieren, indem wir uns vorher die möglichen Vorteile ausmalen. Diese Vorteile können persönlich, beruflich oder geschäftlich – oder alles zusammen sein. Vergnügen zu haben und neue Menschen kennenzulernen ist mindestens ebenso wertvoll, wie ein Geschäft zu machen. Wenn Sie bei gesellschaftlichen Anlässen auf andere zugehen können und sich wohl und entspannt dabei fühlen, dann werden Sie sehr viele neue Bekannte hinzugewinnen. Vielleicht finden Sie bei dieser Gelegenheit sogar einen neuen Freund. Zumindest werden Sie schon bald etwas mit den Millionären gemeinsam haben: eine umfangreiche und zudem ständig wachsende Adreßkartei.

4

Das dynamische Duo: Charme und Courage

Die Herzen anderer Menschen zu gewinnen ist nur möglich, wenn wir unsere Blockierungen kennen, die entsprechenden Gegenmittel anwenden und uns die Vorteile klar vor Augen führen. Wirkliche Zauberwirkung aber hat das dynamische Duo von Charme und Courage.

Ich kann schon Ihren Einwand hören: Charme und Courage im selben Atemzug?

Das eine ist ja das Gegenteil des anderen!

Aber das stimmt nicht!

Die Courage, Kontakte zu knüpfen

Viele Leute verstehen unter Courage eine gewisse Dreistigkeit, die sie als unangenehm empfinden. Für mich hat Courage eine positive Bedeutung; ich verstehe darunter den Mut, Risiken einzugehen.

Courage ermöglicht es uns, jenen ersten, durchschlagenden Kommentar abzugeben, der die Diskussion in Gang bringt. Courage gibt uns den Schwung, auf eine

Party zu gehen, auf den Wohltätigkeitsbasar, in die Aerobicgruppe oder auf die Konferenz, tief Atem zu holen und uns jemandem vorzustellen.

Kann diese Eigenschaft uns dabei helfen, Kontakte zu knüpfen?

Aber wie sollte es sonst möglich sein, Kontakte zu knüpfen?

Sollten Sie Ihren Kindern diese Fähigkeit beibringen? Aber natürlich! Diese Kinder werden dann, wenn es darum geht, selbst Parties zu geben und auf Menschen zuzugehen (und das kommt schneller, als man denkt!), anderen meilenweit voraus sein.

Courage ist der Grundstein des Selbstvertrauens

In den 80er Jahren erkannte man, daß Courage eine Eigenschaft ist, die vor allem die Führungspersönlichkeit kennzeichnet. In seinem Buch *Getting Chutzpah (Savvy, November 1982)* beschrieb der Psychologe Elliot Jaffa Chutzpah (der jiddische Ausdruck für Courage/Dreistigkeit) als eine bisher »übersehene persönliche Eigenschaft, die einen erfolgreichen Manager ausmacht«.

Jaffa sagt, daß es Courage sei, die uns das Risiko des Zurückgewiesenwerdens eingehen lasse, die uns um das bitten lasse, was wir uns wünschen, die uns dränge, uns anderen mitzuteilen. Sie gebe uns die Stärke, nach einem Sturz wieder aufzustehen, den Staub abzuklopfen und noch einmal von vorn anzufangen.

Charme – Sie und die Königinmutter

Das Duden-Fremdwörterbuch erklärt den Begriff Charme mit: Anmut, Liebreiz, Zauber.

Kann man Charme lernen?

In der Charme-Schule hat man mir einen eleganten Gang, ein freundliches Lächeln, Schmink- und Kleidungstricks und Höflichkeit beigebracht. All das ist sicher wichtig, aber Charme bedeutet noch etwas mehr: die Fähigkeit, andere Menschen anzuziehen und ihnen das Gefühl zu geben, daß wir sie sympathisch finden.

Charme ist eine Kombination aus Wärme, Wohlwollen, einer positiven Einstellung, Humor, Charisma, Geist, Energie und dem Interesse an anderen Menschen. Meine Freundin und Kollegin Sherris Goodwin hat Charme. Als sie die »Fay Manson Gaststätte« leitete, fühlte sich jeder Gast bei ihr ganz besonders willkommen. Jeder ist gern mit ihr zusammen. Charme ist die Fähigkeit, anderen Menschen ein Interesse entgegenzubringen, das tief aus dem Herzen und aus der Seele kommt.

In der Ratgeberspalte einer Zeitschrift wurde »Takt« einmal als die Fähigkeit bezeichnet, »zu bewirken, daß sich Menschen in den verschiedensten Situationen wohl fühlen«. Für mich trifft diese Definition auf den Charme zu. Die Persönlichkeit, die in meinen Augen den Charme personifiziert, ist die britische *Queen Mother*, Mutter von Elisabeth der Zweiten. Robert Lacy, der Autor des Buches *Queen Mother*, beschrieb sie in einer Fernsehshow als eine Frau, die die besondere Gabe hat, »Ihnen zu vermitteln, daß sie *die ganze Woche* auf diese eine Begegnung mit Ihnen gewartet hat«.

Wer Charme hat, kann auf andere Menschen als individuelle Persönlichkeit eingehen. Wenn wir Kontakte knüpfen, dann müssen wir immer auch die Gefühle des anderen berücksichtigen und ihn als Einzelwesen wahrnehmen und beachten. Wer Charme hat, kann das. Jemanden etwa zu ignorieren, weil der Titel auf dem Namensschild uns nicht beeindruckt, ist eine schlimme Sünde!

Eins und eins ist drei

Wenn Courage und Charme zusammentreffen, dann verstärken sie sich beide gegenseitig. Das Ganze ist mehr als die Summe seiner Teile. Sie haben dann nicht nur Courage und Charme – Sie haben *magische Anziehungskraft!*

Sie interessieren sich für andere Menschen, und Sie haben den Mut, auf sie zuzugehen und ihnen dieses Interesse zu zeigen. Mut und Interesse sind eine wunderbare Mischung – eine, die jedermann, der mit Ihnen in Kontakt kommt, bereichern wird.

Courage und Charme kann man nicht mit Hilfe von Verhaltensregeln oder einer bestimmten Technik lernen. Die Fähigkeit, couragiert und charmant aufzutreten, haben wir alle – aber viele von uns müssen sie ein wenig pflegen und weiterentwickeln. Jetzt ist es an der Zeit, diese Qualitäten auszugraben und sie zu nutzen!

Kurz und bündig

Courage und Charme sind das dynamische Duo, das erfolgreiche Kommunikation mit anderen Menschen ermöglicht. Gute Voraussetzungen bringen wir alle mit; durch Übung werden unsere Fähigkeiten noch weiter wachsen. Courage und Charme helfen uns, mit Wärme und Takt auf andere Menschen zuzugehen – und sie bewirken, daß sich andere Menschen zu uns hingezogen fühlen.

5

Mr. oder Mrs. Unsympathisch knüpfen Kontakte: Wie man es nicht machen sollte

Wer seine Mitmenschen wirklich mag, sie respektiert und ihnen vertraut, der kann ihre Herzen im Sturm erobern. Wer sich im Grunde nichts aus anderen Menschen macht und ihnen nur ein geheucheltes Interesse entgegenbringt, wird bald allein sein.

Auf einem Wohltätigkeitsfest, an dem ich kürzlich teilnahm, näherte sich mir ein Mann, der sich sehr für Lokalpolitik engagierte, und erzählte mir, daß er wirklich wisse, wie man auf andere Menschen zugehe, und daß er recht erfahren darin sei. Er schien gebildet, charmant und liebenswürdig zu sein. Aber während wir sprachen, wanderten seine Augen im Raum umher, um zu sehen, wer sonst noch teilnahm, und sein unruhiger Blick sagte mir, daß er keine Zeit mit Leuten verschwenden wollte, die er als unwichtig ansah.

Alles, was er tat, schien berechnet. Er registrierte meine Worte und reagierte darauf – aber er hörte mir nicht wirklich zu. Wenn er sprach – fast ausschließlich über sich selbst, *seine* Vergangenheit, *seine* Ideen, *seine* Erfolge, *seine* Ziele! –, dann sah er mich mit Augen an, die mir wie kalte Laserstrahlen vorkamen. Ich hatte das Gefühl, benutzt, geradezu mißbraucht zu werden. Dieser Mr. Unsympathisch war ein Ausnutzer und – ein Verlierer!

Das Tarnmäntelchen von Mr. Unsympathisch

Wir alle haben die Mitglieder der Familie Unsympathisch schon auf Parties und Konferenzen getroffen. Sie tragen ein Tausend-Dollar-Chanel-Kostüm, einen Boss-Anzug oder auch etwas aus dem Secondhandshop. Sie sehen vielleicht vollkommen zurückhaltend und elegant aus. Sie können auf den ersten Blick genau der Mann oder die Frau unserer Träume sein. Und sie finden oft auch noch genau die richtigen Worte.

Dennoch *spüren* wir, daß wir selbst diesem Mr. Unsympathisch im Grunde gleichgültig sind und daß er niemals das halten wird, was er uns verspricht. Sein Verhalten stimmt nicht mit seinen Worten überein. Der Universitätsdozent Ernie Baumgarten pflegt seinen Seminarteilnehmern einzuschärfen: »Verhalten, das nicht mit den Worten kongruent ist, straft die Worte Lügen.« Anstatt zu lügen, sollten wir doch besser gleich den Mund halten!

Familie Unsympathisch hat ganz unterschiedliche Mitglieder. Es gibt männliche und weibliche, junge, alte und mittelalterliche, reiche und solche, die nie einen Pfennig in der Tasche haben. Das Gemeinsame: Mangel an Respekt für jeden, der nicht etwas »für sie tun kann«. Sie

Mr. Lapham wird in Zukunft unser kalkulierbarer Sympathie-Verlustfaktor werden.

sind eifrig bemüht, ihr *Kontaktsoll* zu erfüllen – und man merkt's.

Was wir von Mr. oder Mrs. Unsympathisch lernen können

Gibt es etwas, was wir von Herrn oder Frau Unsympathisch lernen können? Aber ganz gewiß. Die Tricks und angelernten Verhaltensweisen, die es zunächst erleichtern, Kontakte zu knüpfen und auf Menschen zuzugehen, reichen nicht aus; entscheidend sind vielmehr eine bestimmte Wärme und Herzlichkeit und das Bedürfnis, dem anderen zu helfen.

Im Zweifelsfall denken Sie an das Sprichwort: Wie man in den Wald ruft, so schallt es heraus. Wenn Sie sich und andere einmal genau beobachten, dann werden Sie bemerken, daß es fast immer stimmt. Ich sage »fast« immer, weil es einige Leute gibt – Gott sei Dank nur wenige –, denen es gleichgültig ist, wie wir sie behandeln, weil *wir* ihnen gleichgültig sind. Sie sind immer voller Verachtung und Mißmut – und sie erwarten von anderen auch nichts Besseres. Sie sind die Hindernis-Nr.-4-Leute, die wir am besten meiden sollten. Besinnen Sie sich sofort auf Gegenmittel Nr. 4 – und suchen Sie das Weite.

Darüber kann ich nicht lachen – Humor, der verletzt

Der Spaßvogel, der eine Party mit unangemessenen Witzen zu würzen versucht, hat etwa dieselbe Wirkung wie ein Insektenspray.

Eine Kollegin, ich nenne sie einmal Linda, nahm an einem geschäftlichen Empfang teil. Dort traf sie einen Rechtsanwalt, der im Fortbildungskomitee dieser Organisation sehr aktiv war. Dieser Prototyp des Mr. Unsympathisch machte einen ziemlich tiefen Eindruck auf sie ... wegen seiner unangebrachten »Witze«. »Gary kam auf mich zu, als ich mich gerade mit einer anderen Geschäftsfrau unterhielt«, erzählte Linda mir. »Er sagte ›hallo‹ und fragte, wie es mir ginge. Ich hatte das letzte Mal nicht an unseren monatlichen Treffen teilnehmen können, weil ich mit Grippe im Bett lag. Ich antwortete ihm also, daß ich mich sehr viel besser fühlte. Über seinen eigenen ›Scharfsinn‹ in große Heiterkeit ausbrechend, erwiderte er: ›Die kritischen Tage also wieder mal überstanden, hä?‹ Meine Freundin und ich rollten beide voller Einverständnis die Augen und suchten vor Mr. Insektenspray das Weite. Seine Vorstellung davon, was witzig sei, schien uns eher etwas dümmlich. Sie können sicher sein, daß ich ihm nie einen Auftrag zukommen lassen würde. Und wenn irgend jemand mich über ihn befragte, bliebe ich einfach stumm.«

Kardinalfehler

Ich habe eine gute und eine schlechte Nachricht für Mr. und Mrs. Unsympathisch. Die gute Nachricht: Man wird sich an sie erinnern. Menschen haben manchmal ein sehr gutes Gedächtnis.

Die schlechte Nachricht: Die Gründe, weshalb man sich an sie erinnert, sind die falschen. Mr. und Mrs. Unsympathisch lassen einen unangenehmen Eindruck zurück – und das wird letztlich weder ihren geschäftlichen noch ihren privaten Beziehungen förderlich sein.

Eines können wir aber von Mr. und Mrs. Unsympathisch auf jeden Fall lernen: wie man es *nicht* macht.

Zu den ganz schlimmen Fehlern gehören:

– Herabsetzende oder beleidigende Witze

– Ein Glas über den Durst

– Jemanden dauerhaft mit Beschlag zu belegen

– Mit einem T-Shirt und Jeans zu einer sehr förmlichen oder festlichen Einladung zu erscheinen

– Ein tief ausgeschnittenes, durchsichtiges oder knallenges Kleid zur Geschäftskonferenz zu tragen

– Mit einer Zigarette oder Zigarre in der Hand herumzugehen

– Beim kalten Büffet den Teller bis zum Rand vollzuhäufen und gierig mehrmals nachzufüllen

– Gleichzeitig zu essen, zu trinken und zu sprechen

– Leute nach ihrem Titel oder ihrem Namensschild einzuschätzen (und sich »unauffällig« davonzumachen, wenn sie nicht »wichtig« genug sind oder die entsprechende Führungsposition innehaben)

– Über einen einzelnen oder eine bestimmte Gruppe herzuziehen – etwa über Frauen, alte Menschen, Minderheiten oder Behinderte

– Ein großsprecherisches, lärmendes Auftreten

– Mit Gewalt jemandem etwas verkaufen oder seine Dienste anbieten zu wollen

– Ein Angebot zu vergessen oder ein Versprechen nicht zu halten

– Kritisieren und jammern – über den Raum, in dem man sich aufhält, das Essen, die anderen Teilnehmer oder was auch immer.

Wie man mit Mr. und Mrs. Unsympathisch umgeht

Ziehen Sie sich zurück – so schnell wie möglich! Warum sollten Sie sich einem unangenehmen Menschen aussetzen oder Ihre Zeit damit verschwenden, zu jemandem freundlich zu sein, der das nicht zu schätzen weiß? Bleiben Sie höflich, aber machen Sie sich zugleich klar, daß Mr. und Mrs. Unsympathisch Höflichkeit im Grunde nicht zu schätzen wissen. Das Wichtigste ist jetzt, sich aus dem Staub zu machen!

Kurz und bündig

Mr. und Mrs. Unsympathisch können überall auftauchen, in vielerlei Gestalt. Sie bereiten anderen Unbehagen, weil sie sich nur auf sich selbst anstatt auf andere Menschen konzentrieren. Weitere Erkennungsmerkmale sind: ein verletzender Humor und/oder Aggressivität und Rücksichtslosigkeit.

Die beste Art und Weise, mit Mr. oder Mrs. Unsympathisch fertig zu werden, ist, sich so schnell wie möglich aus dem Staub zu machen und sich angenehmere Gesellschaft zu suchen.

Machen Sie sich bereit!

6
Vorbereitung und Planung

Sie sind auf dem besten Weg. Sie kennen Ihre inneren Blockierungen und ebenso die Gegenmittel und die besonderen Vorteile, die Ihnen der Kontakt mit anderen Menschen bringen kann. Sie sind bereit, Ihre angeborene Courage und Ihren Charme einzusetzen, und zugleich wild entschlossen, weder selbst ein Mr. oder eine Mrs. Unsympathisch zu sein noch einem solchen Zeitgenossen auf den Leim zu gehen.

Was ist der nächste Schritt? Bevor Sie in die Nacht hinauseilen – oder in den Nachmittag oder Morgen –, nehmen Sie sich ein wenig Zeit für die *Vorbereitung*.

Barbara Walters, eine bekannte amerikanische Journalistin, die wichtige Persönlichkeiten interviewt, betont in ihrem Buch *How to Say Practically Anything to Practically Anybody*, wie wichtig es sei, sich gut vorzubereiten. Anders als manche andere Journalisten gibt sie sich nicht mit der Information zufrieden, die vom Produzenten einer Sendung oder von der PR-Abteilung herausgegeben wird. Sie recherchiert selbst – und zwar so gründlich, daß sie sich fast niemals überrumpelt oder ratlos fühlt.

Sie bereitet immer eine ganze Reihe von Fragen vor – ob sie nun Anwar Sadat, Jimmy Carter oder Elizabeth Taylor interviewt.

Ob Sie zu einer politischen Versammlung gehen, einem Cocktail, einem Geschäftsessen, einer Konferenz oder einer Wiedersehensfeier: *Bereiten Sie sich auf jeden Fall gut darauf vor.*

Die sieben Schritte guter Planung

Wenn Sie einer Einladung folgen wollen, müssen Sie wissen, um welche Art von Ereignis es sich handelt, unter wessen Schirmherrschaft es steht und wer daran teilnehmen wird. Bevor Sie das Haus verlassen, überprüfen Sie, ob Sie Ihre Brieftasche dabeihaben und ob Sie ansprechend und gepflegt aussehen. Dann gehen Sie die folgenden sieben Punkte durch.

Schritt Nr. 1
Stellen Sie sich positiv ein

Entscheidend ist Ihre innere Einstellung: Sie kann eine Party zu einem Siegeszug machen – oder zu einer Katastrophe, neben der der Untergang der Titanic als harmlos erscheint. Wenn Sie nicht mit einem Pokergesicht gesegnet (oder geschlagen) sind, dann wird es kaum möglich sein, eine negative Einstellung zu verbergen.

Wenn Sie nur mit dem Gedanken: »Es muß eben sein« oder: »Eigentlich hätte ich mich heute abend um die Finanzen kümmern sollen« oder: »Ich hätte lieber ausschlafen sollen« irgendwo hingehen, dann sind Sie für andere kaum attraktiv. Ihre Ausstrahlung ist dann etwa die eines feuchten Knäckebrots.

Wenn Sie aus irgendeinem Grunde wirklich nicht teilnehmen wollen oder können – dann tun Sie's auch nicht. Sie sind es sich schuldig, Ihre wichtigsten und dringendsten Bedürfnisse als erstes zu befriedigen, und wenn Sie gegen Ihre innere Überzeugung teilnehmen, dann spricht allein Ihr Gesichtsausdruck Bände. Selbst wenn Sie lächeln: Ihre Augen sprechen eine deutlichere Sprache. Es ist besser, nicht hinzugehen, als einen negativen Eindruck zu hinterlassen.

Warum sollten Sie ein neues Hemd oder ein frisch gereinigtes Seidenkleid durchschwitzen und Ihre kostbare Zeit investieren, wenn Sie sich ohnehin nicht amüsieren wollen?

Die Leute, die widerwillig auf Parties herumstehen, leiden unter einer Krankheit, die ich einmal das »Zitronenbißsyndrom« genannt habe.

Sie können diese bedauernswerten Menschen an ihrem Gesichtsausdruck erkennen: Das Unglück der ganzen Welt liegt in ihrem Blick – ohne jeden ersichtlichen Grund.

Zitronenbeißer sind elend dran – und sie *lieben* ihr Elend. Wenn Sie versuchen, ein wenig Heiterkeit in das Gemüt eines Zitronenbeißers zu bringen, dann wird er Sie dafür hassen. Vielleicht haben Sie einen solchen

Zitronenbeißer in Ihrem Büro oder in Ihrer Familie. Aber auch, wenn Sie selbst nicht permanent unter dieser Krankheit leiden: Eine negative Einstellung wird auch bei Ihnen zeitweilig dieselben Symptome hervorrufen. Die meisten Menschen haben bereits Erfahrungen mit Zitronenbeißern gesammelt – und machen einen weiten Bogen um sie. Bevor wir ausgehen, schminken wir uns die Lippen oder streichen die Krawatte glatt. Aber noch wichtiger als äußerliche Gepflegtheit ist eine positive Einstellung – und ihr müssen wir mindestens ebensoviel Aufmerksamkeit widmen. Natürlich meine ich nicht, daß Sie pausenlos vor Lebensfreude sprühen müssen, um beschwingt, angenehm und positiv zu erscheinen. Ein Funken Interesse und Begeisterungsfähigkeit und ein Lächeln sind für den Anfang bereits sehr hilfreich.

Noch nicht vorhandene Begeisterungsfähigkeit können Sie wecken, wenn Sie Schritt Nr. 2 nicht vergessen.

Schritt Nr. 2
Konzentrieren Sie sich auf die positiven Aspekte

In Kapitel 3 habe ich erläutert, daß Sie sich klarmachen sollten, *warum* Sie an einem Meeting, einer Party, einem Essen oder einem Empfang teilnehmen. Ihre Absichten werden je nach Anlaß ganz unterschiedlich sein. Sie sollten sie auf jeden Fall immer im Auge behalten.

Wollen Sie an diesem Ereignis teilnehmen, weil es

wichtig ist, sich unter Kollegen oder Gleichgesinnten wieder einmal zu zeigen?

Wollen Sie Ihrer Chefin demonstrieren, daß Sie Ihr Lieblingsprojekt unterstützen? Möchten Sie Ihren Angestellten ein Vorbild sein und deshalb persönlich am Treffen der Handelskammer teilnehmen?

Ich bin bei nahezu allen Zusammenkünften und Konferenzen dabei, die unter der Schirmherrschaft der örtlichen Handelskammer und des *Convention & Visitors Bureau* stehen: vor allem, um mich wieder einmal zu zeigen und die Kontakte mit meinen Geschäftspartnern aufzufrischen. Es liegt mir nicht daran, neue Verträge für meine Seminare und Vorträge abzuschließen, sondern ich möchte mit meinen Kollegen zusammentreffen und – Spaß haben.

Es ist vollkommen in Ordnung, daß Sie vor allem deshalb an einem Ereignis teilnehmen, weil Sie sich dazu verpflichtet fühlen – solange Sie zugleich mit einer positiven Einstellung hingehen. Selbst heute, wo wir viele gesellschaftliche Zwänge über Bord werfen, gibt es gewisse Verpflichtungen. Über den Muttertag und das Familientreffen am zweiten Weihnachtstag hinaus gibt es bestimmte Anlässe, zu denen Ihre Teilnahme einfach erwartet wird.

Das bedeutet nicht, daß Sie sich nicht amüsieren werden. Warum sollte es unangenehm oder lästig sein, neue Menschen kennenzulernen, sich ein wenig zu unterhalten, neue Kontakte zu knüpfen und Ihrer umfangreichen Adreßkartei noch ein paar neue Trophäen hinzuzufügen?

Beschriften Sie einige kleine Karteikarten so wie unser

Muster, und füllen Sie vor jeder Einladung ein solches Kärtchen aus. Sollte die Spalte der »Vorteile« nicht alle Ihre Gedanken fassen, dürfen Sie sie natürlich auf der Rückseite der Karteikarte ergänzen!

Vielleicht sollten Sie die Karteikarte sogar in Ihre Brieftasche stecken und sie noch einmal überfliegen, bevor Sie eintreten. So können Sie sich noch einmal Ihre persönlichen Ziele ins Bewußtsein rufen und sich vor Augen halten, welche Vorteile die Teilnahme Ihnen bringen könnte – sei dies nun in finanzieller oder persönlicher Hinsicht.

Anlaß: ______________________________

Ort: ______________________________

Gastgeber: ______________________________

Teilnehmer: ______________________________

____

Gründe für meine Teilnahme: ______________________________

____

Geschäftliche/berufliche Vorteile:	Persönliche Vorteile:
1.	1.
2.	2.

3. ____________________ 3. ____________________

4. ____________________ 4. ____________________

5. ____________________ 5. ____________________

Eine Warnung: Lassen Sie sich von Ihren Zielen *leiten*, nicht *tyrannisieren*. Wir alle kennen Menschen, die blindlings auf ihr Ziel zusteuern – und Gott möge jedem beistehen, der ihnen dabei in die Quere kommt! Eine solche rücksichtslose »Zielstrebigkeit« wirkt eher abstoßend. Wenn wir uns auf die Vorteile, die uns ein bestimmtes Ereignis bringen könnte, konzentrieren, dann hilft uns das, uns selbst zu motivieren und unsere Ziele im Auge zu behalten. Im Grunde aber sind es vor allem zwei Faktoren, die uns helfen, die Herzen unserer Mitmenschen zu gewinnen: unsere Herzenswärme und unser aufrichtiges Interesse.

Schritt Nr. 3
Planen Sie Ihre Selbstvorstellung

Die besten Selbstvorstellungen sind kurz und prägnant – und sie dauern nicht länger als zehn Sekunden. Sie nennen Ihren Namen (natürlich!) und geben Ihrem Gegenüber einen kurzen Anhaltspunkt, wer Sie sind und wie man Sie »einordnen« könnte.

Sicher ist es sinnvoll, die Selbstvorstellung den verschiedenen Anlässen entsprechend zu variieren.

Hans Müller, der neue Laborleiter des Johanniterkrankenhauses, wird sich vielleicht wie folgt vorstellen:

– Auf seiner ersten Konferenz der Laborleiter sämtlicher städtischer Krankenhäuser, bei der alle Teilnehmer Laborleiter sind, könnte er einfach nur sagen: »Ich bin Hans Müller vom Johanniterkrankenhaus.«

– Auf einem Cocktailempfang, wo es darum geht, den Mitarbeitern des Labors einige neue Verwaltungsangestellte vorzustellen, sagt er vielleicht: »Ich bin Hans Müller, der Laborleiter.«

Auf der Hochzeit seiner Tochter sagt er: »Ich bin Hans Müller, Marias Vater.«

Unsere Beispiele klingen recht lapidar. Oft kann man sie würzen – mit einer Prise Humor. Bei dem Vorstellungstreffen der Teilnehmer eines Anti-Raucher-Trainingsprogramms sagt Hans vielleicht: »Ich bin Hans Müller – wahrscheinlich eine harte Nuß, was die Wirksamkeit dieses Programms anbetrifft.«

Ihre Selbstvorstellung hat zwei Ziele: 1. den Menschen mitzuteilen, wer Sie sind, und 2. ihnen einen angenehmen Eindruck von Ihnen zu vermitteln. Sprechen Sie deutlich, und sehen Sie Ihrem Gegenüber in die Augen. Ihre Vorstellung kann nur die »nackten Tatsachen« enthalten; sie kann aber auch mit ein wenig Humor und vielleicht bereits mit einigen Informationen angereichert sein. Eines bleibt Ihrem jeweiligen Gesprächspartner bestimmt im Gedächtnis: das Interesse, die Wärme und die Begeisterungsfähigkeit, die Sie ausstrahlen.

Schritt Nr. 4
Überprüfen Sie Ihre Geschäftskarten

Wer Ihre Geschäftskarte bekommt, sollte Ihren Namen, Ihre Firma und Ihre Position daraus ersehen können, so daß er bei Bedarf leicht mit Ihnen Kontakt aufnehmen kann.

Es soll Leute geben, die, bevor sie ihr Heim oder ihr Büro verlassen, sich eine Handvoll Karten in die Taschen stopfen, dem Gegenüber blindlings ein paar dieser Karten in die Hand drücken und die Karten, die andere ihnen zukommen lassen, irgendwo ganz tief in ihrer Brieftasche oder auch in irgendeiner Manteltasche verkramen. Ein wenig später (eine Woche oder auch zwei Jahre) kommen aus den verschiedensten Gründen (oft die Neuanschaffung eines Portemonnaies oder eines Mantels!) diese potentiell sehr wertvollen Ressourcen wieder ans Tageslicht – voller Eselsohren oder auch, nach mehrmaliger chemischer Reinigung, als kompostähnliche graue Masse.

Dies ist nicht der Sinn von Geschäftskarten! Der Sinn dieser Karten ist es vielmehr, anderen eine optische und greifbare Gedächtnishilfe an die Hand zu geben, mit der sich besser arbeiten läßt. Die Geschäftskarte sollte deshalb auf schnellstem Wege in irgendeine Art von Visitenkartenordner befördert werden!

Wir müssen uns unbedingt mal unterhalten, Cathy. Hier ist meine Karte.
Nimm bitte auch meine, falls sich Fragen ergeben sollten.
Hier ist meine Karte, wenn er nicht da sein sollte.
© 1985 Universal Press Syndicate
Oh, und schicken Sie mir bitte auch die Rechnung zu. Hier ist meine Karte.
Nimm bitte auch meine Karte. Wir müssen unbedingt zusammen mittagessen.
Einen Moment... hier ist meine Karte.
Meine Karte...!
Danke. Es war wunderbar, euch alle zu treffen. Ich melde mich. Vielen Dank...
TAXI
Wer ums Himmels willen **sind** diese Leute?
5.10

1. *Überprüfen Sie, ob Ihr eigener Name, der Name Ihrer Firma und Ihre Telefonnummer gut lesbar sind.* Wählen Sie einen Schrifttypus, der so groß und deutlich ist, daß sogar die Zeitgenossen, die inzwischen die Vierzig überschritten haben, nicht erst nach einer Lupe suchen müssen, um Ihre Karte zu lesen.

2. *Überlegen Sie sich ein System, das es Ihnen ermöglicht, Ihre eigenen Karten immer griffbereit bei sich zu tragen und die Visitenkarten von anderen zu sammeln – und wiederzufinden.* Ich selbst habe für diese Zwecke eine Zigarettendose, die in der Mitte unterteilt ist, so daß auf der einen Seite meine eigenen Karten gestapelt sind und auf der anderen Seite die, die ich von anderen bekommen habe. Wenn es Ihnen Spaß macht, die Namen und Daten später in einen Computer einzugeben, dann sollten Sie das auf jeden Fall tun. Wenn Sie, so wie ich, zur Gruppe der Computer-Unkundigen gehören, dann ordnen Sie die Karten entsprechend dem Anlaß und dem Datum. Auf die Weise können Sie sie dann in der entsprechenden Schachtel oder in Ihrem Visitenkartenordner ablegen – und brauchen Ihr Gedächtnis nicht mehr damit zu belasten. Eine Karte nach einem bestimmten System abzulegen ist nur dann sinnvoll, wenn man sie auch bei Bedarf wieder finden kann – und dazu muß man sich beispielsweise zunächst einmal an den Namen der betreffenden Person erinnern. Mein nächster Tip wird Ihnen helfen, sich zu erinnern.

3. *Schreiben Sie – so schnell wie möglich – einige Anhaltspunkte zur Gedächtnishilfe auf die Karte, die Sie gerade erhalten haben, so daß Sie sich daran erinnern können, um wen es sich handelt.* Dennis Berkowitz, der Besitzer des Max-Opernrestaurants in San Francisco, bewirtete einmal die Teilnehmer eines Geschäftsessens, das die Handelskammer organisiert hatte. Es gab köstlichen geräucherten Fisch, und ich lobte diesen Fisch in den höchsten Tönen. Er schrieb »geräucherter Fisch« auf meine Karte und nennt mich heute, drei Jahre später, immer noch die »Räucherfisch-Lady«. Ich könnte mir zwar eine schmeichelhaftere Beschreibung denken, für Dennis ist diese Charakterisierung jedoch eine sinnvolle Gedächtnisstütze! Jedesmal, wenn er wieder eine Spezialladung dieses Räucherfisches bekommt, läßt er es mich wissen.

4. *Bringen Sie genügend Karten mit.* Meine Mentorin, die verstorbene Sally Livingston, hat mir immer wieder eingeschärft, daß niemand gern eine benutzte Serviette nach Hause trägt – selbst dann nicht, wenn *mein* Name und *meine* Telefonnummer daraufstehen. Servietten passen nicht besonders gut in den Visitenkartenordner. Die Entschuldigung »Ich habe meine letzte Karte gerade fortgegeben« ist recht fragwürdig und erweckt sofort den Eindruck von mangelnder Organisationsfähigkeit. Die Tatsache, daß wir auf unserem Weg vom Krabbensalat hinunter zur Käseplatte bereits 20 wichtige Leute getroffen haben, ist für andere nicht besonders eindrucksvoll.

5. *Verlassen Sie nie das Haus ohne Ihre Karten!* Wie meine Mutter schon immer sagte: »Man weiß nie, wen man unterwegs trifft.« Sogar in der Jackentasche meines Jogginganzugs stecken einige Geschäftskarten!

6. *Geben Sie nicht bei jeder Gelegenheit Prospekte und Broschüren aus der Hand.* Prospekte sind teuer. Sie sind wirklich nur für Leute gedacht, die ernsthaft mit Ihnen geschäftliche Beziehungen aufnehmen wollen. Es ist zudem lästig, sie immer mit sich herumzutragen. Leute, die zu einem Empfang kommen, wissen nicht, wo sie die dicke Broschüre hinstecken sollen, und niemand möchte aussehen wie ein Packesel. Prospekte können zudem auch dazu dienen, den zweiten Kontakt einzuleiten: Geben Sie also nicht sofort alle Ihre Möglichkeiten aus der Hand!

7. *Wenn Sie jemandem Ihre Karte geben möchten, der Sie noch nicht darum gebeten hat, dann bitten Sie ihn erst einmal um seine eigene.* Die meisten Leute werden dann entsprechend reagieren und auch nach *Ihrer* Karte fragen.

8. *Vermeiden Sie »schlüpfrige« Situationen.* Langen Sie nicht mit einer Hand nach der Hummerremoulade, während Sie in der anderen Ihre Karte halten. Niemand möchte eine Karte mit nach Hause nehmen, die mit Fettflecken garniert ist.

9. *Überlegen Sie sich, wem Sie Ihre Karte geben wollen.* Nicht jeder sollte Ihre Geschäftskarte in die Hand bekommen.

Orientierungshilfen sind in diesem Fall Ihre persönliche Sicherheit und Ihr Seelenfrieden. *Der Austausch von Karten sollte nach einem Gespräch erfolgen, in dem sich herausgestellt hat, daß man in irgendeiner Beziehung zueinander steht.* Geben Sie sie nicht dem jungen Mann, der zufällig neben Ihnen im Bus sitzt, oder jemandem, der Ihnen unsympathisch ist. Möchten Sie wirklich von diesem Menschen angerufen werden?

Schritt Nr. 5
Überlegen Sie sich einige Themen, über die Sie plaudern möchten!

Einige Leute finden die Vorstellung, sich einige Plauderthemen zu überlegen, absurd. Meist haben sie auch für die Kunst des Small talk (lockere Unterhaltung über eher oberflächliche Themen) gar nichts übrig. Ich halte ihnen dann entgegen: »Wie beginnen Sie ein Gespräch mit einem Fremden? Mit der Hungersnot in Äthiopien?« Wohl kaum.

Es gibt häufig Konferenzen und Zusammenkünfte ohne einen speziellen Gastgeber, der die Aufgabe hätte, Sie vorzustellen und Ihnen dabei zu helfen, ein Gespräch anzuknüpfen. Vielleicht müssen Sie sich ganz allein auf sich selbst verlassen. Wenn Sie dann die Kunst des Small talk beherrschen, dann brauchen Sie sich nicht mit der Frage »Was soll ich als nächstes sagen?« herumzuquälen. Es gibt tausend Möglichkeiten, taktvoll einiges über die andere Person zu erfahren. Small talk ist *sehr sinnvoll;* er ist eine Möglichkeit, gemeinsame Interessengebiete herauszufinden.

Schweigen ist nicht Gold

In *The Art of Conversation (Die Kunst des Gesprächs)* führt James Morris aus, daß es zwar »ein Zeichen für schlechte Erziehung ist, das Gespräch vollkommen an sich zu reißen, zugleich aber ebenso unhöflich, nicht genug dazu beizutragen«. Michael Korda ist Autor des Buches *Success, Power & Queenie.* Er erwähnt darin eine der Grundregeln für den Small talk: Man sollte niemals todernst und verbissen an ein Thema herangehen. In der Zeitschrift *Signature* (September 1986) schreibt Korda in einem Artikel über Small talk: »Ein Langweiler ist jemand, der die Kunst des Small talk nicht beherrscht ... Schweigen ist nicht Gold – es ist die Schlinge, die jedes Gespräch abwürgt.«

In diesem Artikel erörtert Korda den Unterschied zwischen Small talk und einem ernsten Gespräch. »Ernste Gespräche sind notwendig: in geschäftlichen Verhandlungen, in der Medizin, dort, wo es um Geld geht, um die Gesundheit, das Leben, das Gesetz ... Small talk dagegen sollte vor allem fesseln, erfreuen, amüsieren, die Zeit angenehm füllen. Das einmal vorausgesetzt, kann man alles thematisieren, vom Hundekuchen bis zum Haarspray. Sinn des Small talk ist es, sich beim Plaudern über Nebensächlichkeiten besser kennenzulernen – und nicht, jemanden zu belehren oder ihn zu beeindrucken. Small talk ist ein Spiel, ähnlich wie Tennis, und der Sinn dieses Spiels ist es, den Ball so wenig wie möglich ins Aus gehen zu lassen.«

Sie werden sich an einem gesellschaftlichen Ereignis sehr viel sicherer fühlen, wenn Sie sich von vornherein drei Themen für eine leichte Unterhaltung überlegt haben, die Sie mit jedem führen könnten, den Sie dort treffen. Ein lockerer Gedankenaustausch bewirkt, daß sich jeder erst einmal entspannt, bevor man, wenn es sein muß, zu den harten Fakten übergeht.

Small talk kann man sehr gut mit einer Feststellung, einer Frage oder auch einer interessanten Bemerkung über sich selbst einleiten. Zu den Themen gehören vielleicht der örtliche Sportverein, die Organisation, die Sie vertreten, oder auch das Wetter! *Irgend etwas* werden Sie sicher mit den anderen Teilnehmern gemeinsam haben, allein schon deshalb, weil Sie zu dieser bestimmten Veranstaltung gekommen sind. Kontroverse Themen wie Politik und Religion sollten Sie aussparen, aber mit ein wenig Nachdenken werden Sie sicher verschiedene Gebiete gemeinsamen Interesses finden.

Ein guter Gesprächspartner ist immer auch ein guter Zuhörer. Motivieren Sie Ihr Gegenüber, über sich selbst zu sprechen – und hören Sie mit *beiden* Ohren zu. Gespräche sind dann am besten, wenn die Gesprächspartner versuchen, gemeinsame Themen zu finden, und ehrlich aneinander interessiert sind.

Tiefschürfende Diskussionen sind sicher ein Genuß, wenn man mit guten Freunden zusammensitzt. Small talk dagegen dient vor allem dazu, erst einmal das Eis zu brechen und eine Freundschaft *anzuknüpfen*.

Mehr zu diesem Thema in Kapitel 8 über das Einleiten, Fortführen und Beenden von Gesprächen.

Schritt Nr. 6
Augenkontakt halten und lächeln

»Schön, Sie kennenzulernen« wirkt nur glaubhaft, wenn es von einem warmen, ehrlichen Lächeln begleitet wird. Es klingt auf der anderen Seite recht hohl, wenn man den Gesprächspartner giftig anfunkelt.

Augenkontakt ist der erste Schritt zu einer Beziehung. Ein Kollege und seine Frau besuchten kürzlich eine Geburtstagsparty. Dieser Kollege sagte mir später, daß das Geburtstagskind, ein Bankangestellter aus dem mittleren Management, ihm überhaupt nicht in die Augen gesehen habe, als er ihm die Hand schüttelte. »Was er vermittelte«, so erzählte mein Kollege, »war nur: Ich suche nach jemand Wichtigerem, mit dem ich mich unterhalten kann. Ich fühlte mich mißachtet. Woher wollte er wissen, daß ich nicht auch sehr wichtig war – oder es eines Tages werden könnte?«

Erinnern Sie sich? Ein suchender, unruhiger Blick ist das Kennzeichen von Mr. Unsympathisch!

Ich muß Sie aber warnen: Augenkontakt bedeutet nicht, daß man jemanden anstarrt – das kann ebenfalls sehr unhöflich sein. Durch Anstarren wird man sicherlich kaum die Kommunikation verbessern oder eine angenehme Beziehung herstellen. In der Zeitschrift *Success*

(April 1985) weist David Given darauf hin, daß wir unseren Blick am besten abwechselnd auf unser Gegenüber und dann wieder auf etwas anderes richten sollten: So signalisieren wir, daß wir offen und interessiert sind. Kulturelle Normen sind unterschiedlich; in Europa blickt man den Gesprächspartner etwa sieben Sekunden an und sieht dann ebensolange wieder fort. Wenn man diese Zeiten allzusehr überschreitet, könnte das »Anschauen« wie ein »Anstarren« erscheinen, und das »Fortblicken« könnte so aussehen, als hielte man nach etwas Fesselnderem Ausschau.

Wir lernen sehr viel über andere Menschen, wenn wir ihnen in die Augen schauen – und mit unseren Blicken zeigen wir ihnen viel über uns selbst.

Schritt Nr. 7
Üben Sie das Händeschütteln

In den deutschsprachigen Ländern ist es in vielen Situationen üblich, daß sich Kollegen und Geschäftspartner die Hand schütteln. Ich spreche hier nicht von der Berührung einer schlaffen Fischflosse. Ein fester Händedruck gehört dazu, wenn man jemanden *begrüßt*, wenn man sich *einig* ist und sich unter Freunden *trennt*.

Einige Zeitgenossen haben jedoch die Idee des Händeschüttelns offensichtlich *nicht* verstanden:

1. *Die Qualle.* Irgendwo in der Luft steht zögernd eine

schlaffe Hand. Sie ergreifen sie und – o Schreck, sie zerfließt! Möchten Sie wirklich mit einem solchen Menschen geschäftliche Kontakte pflegen? Menschen mit einem Quallen-Händedruck wecken die unangenehme Vorstellung, daß sie kein Rückgrat hätten!

2. *Der Gelenkknacker.* Ihre Hand verschwindet in einem Schraubstock und wird deformiert wieder daraus entlassen. Dieser Mann hat wahrscheinlich die Kraft, einen Mauerstein mit der rechten Hand zu zermahlen ... aber Sie fühlen sich davon im Augenblick wenig beeindruckt. Diesen Händedruck sollte man besser den Mafiabossen überlassen. In den letzten Jahren sind auch einige Frauen zur Mafia der Gelenkknacker gestoßen – vielleicht, um ihre Entschlossenheit und Standfestigkeit zu demonstrieren. Es ist reichlich verwirrend, wenn Sie Ihre Hand einer langhaarigen Schönheit mit Spaghettiträgern und Pfennigabsätzen entgegenstrecken – und diese Hand sich plötzlich anfühlt wie eine geknackte Walnuß.

3. *Der Fingerquetscher.* Dieser Typus ergreift nicht Ihre Hand; er oder sie nimmt *nur die Finger.* Wenn die Finger nur leicht berührt werden, dann wirkt diese Geste sehr zimperlich und/oder deutet an, daß die entsprechende Person Berührungsängste hat. Bei einem festen Zugriff kann der *Fingerquetscher* zu einem *Ringbieger* werden. Die Eindrücke Ihres oval verformten Ringes sind dann in wenigstens zwei weiteren Fingern deutlich erkennbar; am besten suchen Sie nach einem Taxi zur nächsten Notaufnahme-Röntgenstation.

4. *Der verdeckte Händedruck.* Bei dieser Form des Händeschüttelns legt einer der beiden Partner seine linke Hand über die beiden einander schüttelnden Hände. Bei Menschen, die Berührungen lieben, wird diese Geste vielleicht als ein Ausdruck von Herzlichkeit und Wärme gedeutet. Andere jedoch empfinden sie eher als aufdringlich!

Es mag einige Situationen geben, in denen ein verdeckter Händedruck vollkommen angemessen und passend ist. Als Faustregel gilt: Halten Sie Ihre Augen auf, schauen Sie, wie andere Menschen reagieren, und – hören Sie auf Ihre innere Stimme.

Männer, Frauen und der Händedruck. Es ist Sache der Frau, ihre Hand *als erste auszustrecken* – ob sie nun einem Mann begegnet oder einer anderen Frau. Männer müssen lernen, abzuwarten und zu beobachten, ob die Frau an einem Händeschütteln interessiert ist.

Der Kuß im Geschäftsleben. Zum Entsetzen der Herren Knigge & Co. ist in bestimmten Berufszweigen das Küssen weit verbreitet. Im Bereich der Unterhaltungsindustrie, der Gastronomie und der Werbung gehört »ein Küßchen in Ehren« oftmals dazu. Dort, wo es um das Bankwesen, die Herstellung bestimmter Waren, Buchhaltung oder auch Recht und Gesetz geht, wird man wahrscheinlich den Austausch von »Luftküssen« seltener beobachten.

In der Zeitschrift *Kennedy's Career Strategist* (Februar 1986) befaßt sich Marilyn Moats Kennedy ausführlich mit diesem Thema. Sie stellt fest, daß ein Geschäftskuß wahrscheinlich eher unter Großstädtern als unter Kleinstädtern und Dorfbewohnern üblich ist, und stellt die folgenden Grundregeln auf.

1. Geschäftsküsse gehören nicht auf den Mund!
2. Es ist verboten, Lippenstiftspuren zu hinterlassen! Man berührt einander nur mit den Wangen und küßt die *Luft*.
3. Wer zuerst spricht, küßt meist auch zuerst. Auch ein Mann kann als erster küssen, da (theoretisch!) das Küssen im Geschäftsleben nichts mit Sex zu tun hat.
4. Geschäftsküsse werden gewöhnlich außerhalb des Büros ausgetauscht – beispielsweise beim Treffen in einem Hotel. Im Büro wird (offiziell) nicht geküßt!

Also: niemals im Büro und niemals auf den Mund. Davon abgesehen sollten Sie sich wieder einmal von Ihrer Intuition leiten lassen. Wenn Sie meinen, daß es dem Partner unangenehm sein könnte, oder wenn Sie den Büroklatsch fürchten, dann lassen Sie es bei einem Händeschütteln bewenden.

Die Grippevirus-Lösung. Wenn Ihnen das Küssen unbehaglich ist, dann bleiben Sie etwa um Armeslänge von Ihrem entsprechenden Geschäftspartner entfernt stehen. Strecken Sie die Hand aus, lächeln Sie, und winkeln Sie den Ellenbogen an. Bei einer solchen Distanzhaltung würde in Grippe- und Schnupfenzeiten der Verbrauch von Aspirin sicherlich stark zurückgehen. Die Grippevirus-Lösung ist eine gute Möglichkeit, sich selbst ein wenig Raum zum Atmen zu geben und dennoch dem anderen das Gefühl zu vermitteln, daß er/sie willkommen ist.

Kurz und bündig

Eine gute Vorbereitung ist vielleicht eine der besten Investitionen, die Sie machen können. Sie gehen dann nämlich an das Ereignis mit mehr Selbstvertrauen und innerer Sicherheit heran, und auf dieser Basis können sich dann Ihre Spontaneität und Kreativität voll entfalten. Erinnern Sie sich an die sieben Schritte, die zu einer guten Planung gehören:

1. Gehen Sie die Dinge mit einer positiven Einstellung an
2. Konzentrieren Sie sich auf die Vorteile
3. Planen Sie Ihre Selbstvorstellung
4. Sehen Sie nach, ob Ihre Geschäftskarten »tipptopp« sind
5. Bereiten Sie sich auf einige Plauderthemen vor
6. Halten Sie Augenkontakt, und lächeln Sie
7. Üben Sie den richtigen Händedruck

7

Sieben Strategien
Vom schnellen Start zum sanften Stopp

Sie haben alle Ihre Vorbereitungen getroffen – aber was ist, wenn Ihr innerer Motor beim bloßen Gedanken, daß Sie durch die Tür hindurchgehen müssen, einfach nicht anspringt?

Die folgenden sieben Strategien dienen als kleine Starthilfe und werden Ihnen helfen, das Ereignis glatt bis zum Ende durchzustehen.

Strategie Nr. 1
Das Entree: Grandios oder auch anders

Wann sollten Sie eintreffen? Ganz einfach: pünktlich! Die Ankunftszeit ist nicht dazu da, daß man sich durch Zuspätkommen ein besonders auffälliges »Entree« verschafft. Eine »interessante Verspätung« zu einer Konferenz gibt es nicht.

Wenn Sie ankommen, atmen Sie tief durch, richten sich gerade auf und gehen in den Raum *hinein*. Wenn Sie nämlich im Türrahmen stehenbleiben, dann erreichen Sie folgende Wirkung: Sie versperren a) bei Feuersbrunst den Ausgang, schaffen b) ein Verkehrsproblem und erwecken c) den Eindruck, daß Sie zu schüchtern sind, um einzutreten.

Vielleicht gibt es jemanden, der Sie offiziell begrüßt – vielleicht aber auch nicht. Stellen Sie sich zunächst darauf ein, daß niemand zur Begrüßung auf Sie zukommt, und genießen Sie die angenehme Überraschung, wenn es anders ist. Die Vortragsreisende und Autorin Judith Briles empfiehlt, man solle sich freiwillig als Mitglied des Begrüßungskomitees zur Verfügung stellen: »Auf diese Weise werden Sie auf jeden Fall alle Teilnehmer kennenlernen, denn das gehört zu Ihrer Rolle.« Wenn Sie schüchtern sind, dann wissen Sie zumindest als Mitglied des Begrüßungskomitees, was Sie sagen sollen.

Lassen Sie Ihre Blicke einmal durch den Raum schweifen. Wo ist die Bar? Wo ist das kalte Büffet? Wo trifft man sich? Wo können Sie sich selbst plazieren, damit Sie die meisten Leute kennenlernen?

Ein Vortragsreisender und Seminarleiter, der vor Tausenden von Menschen Reden hält, sagte mir einmal, er habe große Schwierigkeiten, an Cocktailparties teilzunehmen und von einem zum anderen Gast weiterzugehen. Die Lösung, die er für sich persönlich gefunden habe, sei, sich irgendwo zwischen dem Eingang und dem kalten Büffet aufzubauen, so daß jeder, der zum Büffet wolle, an ihm vorbeigehen müsse. Er sei übrigens immer von Menschen umringt!

Wenn Sie eingetreten sind, dann sehen Sie sich erst

einmal nach vertrauten Gesichtern um. Wenn jemand Ihnen bekannt vorkommt, gehen Sie auf ihn zu und begrüßen ihn oder stellen sich vor. Sollten Sie sich geirrt haben und die Person doch nicht kennen, dann ist das sicher kein Beinbruch. Das Schlimmste, was passieren kann: Sie lernen einen neuen Menschen kennen, unterhalten sich eine Weile und wenden sich dann wieder jemand anderem zu.

Strategie Nr. 2
Nehmen Sie einen Freund mit

Wird Ihnen bei der Vorstellung, Sie sollten einen Raum voller fremder Menschen betreten, heiß und kalt? Dann nehmen Sie doch einen Freund mit! Oder sprechen Sie sich mit jemandem ab, der auch zu diesem Anlaß eingeladen ist, und gehen Sie zusammen hin. Ein Freund im Hintergrund wirkt viel beruhigender als Valium und viel anregender als ein Glas Cognac – vorausgesetzt, man hat sich vorher gemeinsam ein paar gute Strategien überlegt.

Die Freund-steh-mir-bei-Strategien

1. Einen Freund zu einer Party mitzunehmen ist angenehm: Man kann sich gegenseitig bei der Vorstellung helfen. Vielleicht kennen Sie Leute, die Ihr Freund nicht kennt – und umgekehrt. Selbst wenn Sie beide *niemanden* kennen, werden Sie bei diesem Anlaß neue Bekannt-

schaften machen und können sich dann wieder gegenseitig vorstellen. Besinnen Sie sich noch einmal auf Ihr taktisches Geschick bei der Vorstellung, und stellen Sie Ihren Freund als einen angenehmen, interessanten Menschen vor, der mit den anderen Teilnehmern etwas gemeinsam hat. Um Gemeinsamkeiten herauszufinden, ist es wichtig, dem jeweiligen Gesprächspartner gut zuzuhören. Geben Sie den Leuten einige positive Informationen über Ihren Freund, die als Anknüpfungspunkt für ein Gespräch dienen können.

2. Ihr Freund sollte *Sie* ebenso informativ und enthusiastisch vorstellen wie Sie ihn. Einmal, so erinnere ich mich, ist eine solche gegenseitige Vorstellung mißlungen. Eine Kollegin und ich hatten uns geeinigt, uns gegenseitig mit unseren Vorstellungen ein gutes Entree zu verschaffen. Aber irgendwie haben wir wohl übers Ziel hinausgeschossen. Nach meiner Vorstellung mußte sie jedermann vorkommen wie ein weiblicher Einstein! Und die lobenden Worte, die sie über mich äußerte, klangen so feierlich wie ein verfrühter Nachruf!

3. Allerdings dürfen Sie selbst und Ihr Freund nicht den Fehler machen, als siamesische Zwillinge aufzutreten. Dann sind Ihre Möglichkeiten, Kontakte zu knüpfen und neue Leute zu treffen, sehr beschränkt.

4. Einigen Sie sich auf ein SOS-Signal, wenn Sie und Ihr Freund sich besser wieder zusammenfinden und eine neue Strategie entwickeln sollten. Aufgabe von Freunden ist es auch, sich gegenseitig von Schlingpflanzen-Gesprächspartnern zu befreien.

Strategie Nr. 3

Halten Sie nach einem Klammergriff-Trinker Ausschau!

Jetzt sind Sie also angekommen und haben ein paar Leute begrüßt. Sie und Ihr Freund meinen, daß es Zeit sei, sich zu trennen. Wohin wenden Sie sich? Mit wem beginnen Sie ein Gespräch? Sie kennen keine Menschenseele und fühlen sich unbehaglich, wenn Sie allein herumstehen. Natürlich ist in diesem Augenblick die Versuchung sehr groß, sich ein sicheres Plätzchen an der Wand zu suchen und zu warten, bis das Schlimmste vorbei ist.

Ein Gespräch zu beginnen kann faszinierend sein. Machen Sie sich bewußt, daß Ihre Mutter Ihnen vor vielen Jahren beigebracht hat, *nicht* mit Fremden zu reden. Aber diese Hürde haben Sie inzwischen übersprungen. Bisher haben Sie sich auch sehr vor Zurückweisung gefürchtet und waren vielleicht insgeheim der Meinung, daß Sie nicht ausreichend interessant, geistreich oder attraktiv seien. Aber auch diese seelische Kette haben Sie gesprengt. Und da Sie nun einmal an diesem Empfang teilnehmen, weil Sie neue Kontakte knüpfen möchten, *können Sie es sich einfach nicht leisten, Mauerblümchen zu spielen.* Es ist Zeit, daß Sie Ihren Mut zusammennehmen und aktiv werden!

Unter diesen Umständen halte ich nach einem Klammergriff-Trinker Ausschau. Er ist nämlich ganz bestimmt dankbar, wenn Sie auf ihn zugehen. Gleichgültig, ob er Wein, Kaffee oder Wasser trinkt – auf jeden Fall klammert er sich an seinem Glas oder seiner Tasse derart fest, daß seine Fingerknöchel marmorweiß schimmern. Er steht Todesängste aus – und ist fast immer allein.

Er ist sicher froh, wenn Sie auf ihn zugehen und ihn ansprechen. Sie begehen damit eine gute Tat und verhindern zugleich, daß *Sie selbst* zum Mauerblümchen werden.

Nutzen Sie die gute Gelegenheit. Sehen Sie ihn an, lächeln Sie und sagen Sie »guten Tag«. Behandeln Sie den Klammergriff-Trinker nicht als Verlierer: Meist ist er es *nicht.* Wahrscheinlich ist er nur schüchtern. Knüpfen Sie mit ihm ein Gespräch an: Vielleicht diskutieren Sie schon bald so angeregt, daß sich auch andere zu Ihrer kleinen Gruppe hingezogen fühlen.

Therese Gofrey, eine Finanzberaterin und Vortragsreisende, sagt: »Wenn Sie sich um das Wohlbefinden anderer mehr kümmern als um Ihr eigenes, dann entdecken Sie plötzlich, daß Sie gar nicht so ungeschickt und befangen sind.«

Machen Sie sich bewußt, daß der Klammergriff-Trinker sich sehr viel unbehaglicher fühlt als Sie selbst – und daß er über Ihre Gesellschaft wahrscheinlich entzückt sein wird.

Strategie Nr. 4
Namensschilder, die eine magische Wirkung ausüben

Beim Thema Namensschilder sind die Meinungen geteilt. Auf jeden Fall sind sie bei geschäftlichen und gesellschaftlichen Anlässen sehr nützlich. Dies sind einige ihrer Vorteile:

1. Sie können – und das ist immer günstig! – jemanden mit seinem Namen anreden.

2. Namensschilder geben Ihnen oft auch Informationen, die Sie nutzen können, um ein Gespräch zu beginnen (Firma, Berufsbezeichnung, Standort, besondere Funktion etc.).

3. Wenn Sie das »bekannte Gesicht« erblickt haben, aber nicht sicher sind, ob dies wirklich die Person ist, für die Sie sie halten, dann hilft ein verstohlener Blick aufs Namensschild.

Auf vielen Messen, Cocktailparties und zu bestimmten anderen Anlässen werden Namensschilder verteilt. Der Name sollte groß und ausreichend deutlich geschrieben sein, so daß er selbst aus einem Abstand von zwei Metern noch lesbar ist. Häufig ist der Firmenname ein wenig kleiner gedruckt, und Sie müssen näher treten, um ihn erkennen zu können.

Viele Organisationen und auch Kirchen benutzen Namensschilder, um das Kennenlernen zu erleichtern.

Manchmal hat die Farbe des Namensschildes etwas Bestimmtes zu bedeuten: daß man etwa Mitglieder von Gästen unterscheiden kann. »Es ist ein ungeschriebenes Gesetz, daß sich Mitglieder um Gäste und neue Mitglieder kümmern«, sagt Rick Enos, langjähriges Mitglied einer Bürgerorganisation in San Francisco. Ernennen Sie sich bei bestimmten Anlässen einfach einmal selbst zu einem nichtoffiziellen »Gastgeber« für neue Mitglieder!

Wie Sie Ihr eigenes Namensschild am besten nutzen

Wenn Sie Ihr *eigenes* Namensschild ausfüllen, dann machen Sie sich doch einfach einmal »richtig interessant«. Nehmen Sie sich die Freiheit, Ihre Position und den Bereich, in dem Sie sich spezialisiert haben, darzustellen. Dies ist eine Chance, für sich selbst ein wenig Werbung zu machen! Der Finanzberater Fritz Brauner erzählte mir, daß offenbar kein Mensch besonders von dem Wort *Finanzplanung* auf seinem Namensschild fasziniert gewesen sei. Als er aber auf die Idee gekommen sei, das Wort *Geld* unter seinen Namen zu setzen, da sei er sich plötzlich vorgekommen wie Dagobert Duck in der Autogrammstunde.

Humor kann nie schaden! Auf einem Geschäftstreffen der Handelskammer hatte ein Mitglied ein Namensschild angesteckt, das mich magisch anzog und zugleich zum Lachen reizte. Statt seines Namens hatte er das Wort *Namensschild* geschrieben. Vielleicht ein etwas ungewöhnlicher Scherz, aber wir kamen auf jeden Fall leicht und schnell ins Gespräch.

Wo das Namensschild sitzen soll

Sie müssen es immer an Ihrer rechten Seite festheften! Wenn Ihnen nämlich jemand die rechte Hand gibt, dann geht sein Blick genau zu Ihrer rechten Seite. Das Schildchen sollte gut sichtbar sein: Verbannen Sie es nicht zu einem Schattendasein unter der Ansteckrose oder dem Einstecktuch!

Guten Tag, Frau ... ääh?

Wir alle können uns manchmal auf einen bestimmten Namen nicht besinnen, selbst dann, wenn der Mensch uns wichtig ist. Wer häufig an Parties, Wohltätigkeitsveranstaltungen und ähnlichen Ereignissen teilnimmt, leidet oftmals unter einer schrecklichen Namens-Gedächtnisüberfüllung!

Gehen Sie dann nicht allzu hart mit sich ins Gericht! Ich für meinen Teil tröste mich mit dem, was mir einmal ein Mann auf einem Seminar in El Paso sagte: »Ich denke, wir erwarten zuviel von uns. Jede Woche treffen wir Hunderte von neuen Menschen. Unsere Eltern sahen vielleicht nur hundert neue Gesichter pro Woche und unsere Großeltern nur zehn! Wieso erwarten wir von uns, daß wir uns an so viele Namen erinnern?«

Wenn Ihnen ein Name nicht einfällt, dann geben Sie es – humorvoll! – zu. Sagen Sie immer deutlich Ihren eigenen Namen, wenn Sie jemand anderen begrüßen (vielleicht hat dieser andere Ihren Namen ebenfalls vergessen!). Häufig wird er dann auch seinen eigenen Namen nennen – und der peinliche Moment kann gar nicht erst aufkommen. Kein vernünftiger Mensch hat ein Interesse daran, unser Namensgedächtnis zu testen!

Strategie Nr. 5
Geschickte Einleitungssätze

Es soll Leute geben, die so lange nach einem guten Einleitungssatz suchen, bis die Party vorbei ist. Nur allzu häufig verpassen wir eine gute Gelegenheit, jemanden kennenzulernen, nur weil uns nichts Passendes eingefallen ist.

Dabei gibt es mindestens eine Million Sätze, mit denen Sie ein Gespräch anknüpfen können! Was Sie sagen, hängt immer davon ab, wer Sie sind, mit wem Sie sich gerade unterhalten, unter welchen Umständen das Gespräch stattfindet, welche Reaktion Sie sich erhoffen und was Ihnen spontan einfällt. Es ist viel besser, *irgend etwas* zu sagen, als auf den perfekten Einfall zu warten. Selbst wenn Ihnen nichts Weltbewegendes in den Sinn kommt: Lassen Sie die Gesprächschance nicht ungenutzt verstreichen!

Wer die Herzen seiner Mitmenschen gewinnen kann, hat es schon immer gewußt: Die besten Gesprächsanfänge sind oft ein *Lächeln* und ein freundliches *»Hallo«* oder *»Guten Tag!«*

Ein möglicher Einleitungssatz, den mir jemand vorschlug: »Sind Sie auch allein hierhergekommen?« Nach einem solchen Einleitungssatz kann man dann ein wenig sein Geschick im Small talk unter Beweis stellen.

Einige andere Bereiche, die sich als Anknüpfungspunkt für ein Gespräch anbieten, sind:

1. der Ort, an dem man sich befindet
2. das Essen
3. die Organisation
4. das Verkehrschaos, die gerade überstandenen Schwierigkeiten bei der Parkplatzsuche
5. der Ehrengast
6. die Institution, der der Erlös des Festes zufließen soll.

In jedem Fall gibt es drei gute Gesprächsthemen, die ich einmal das *magische Trio* nennen möchte:

1. Eine Feststellung

Blicken Sie sich einfach einmal in dem Raum um, in dem Sie sich gerade aufhalten. Beobachten Sie die Situation. Was geschieht gerade? Sind Sie von interessanten Leuten umgeben, die sich gut amüsieren? Ob Sie wohl auch alle diese Parkplatzprobleme hatten? Was haben die Teilnehmer dieser Veranstaltung gemeinsam?

Bemerkungen zu einem dieser Punkte können gute Gesprächseröffner sein. Etwas Humorvolles oder Unerwartetes zu sagen wäre natürlich fast schon genial.

Negative Kommentare sollten Sie am besten vermeiden. Sie möchten sicher nicht den Eindruck erwecken, zu den ewigen Nörglern zu gehören. Vermeiden Sie Feststellungen wie:

– »Das Essen sieht ekelhaft aus.«

– »Dies Hotel ist sogar noch schäbiger, als ich erwartet hatte.«

Suchen Sie vielmehr nach positiven, ungewöhnlichen Beobachtungen, über die zu sprechen sich lohnt.

2. Eine Frage

Eine sinnvolle Frage kann wie Öl im Gesprächsgetriebe wirken. Finden Sie bereits vorher einige Fakten über die Gruppe heraus und über die Personen, die zu diesem Anlaß kommen werden. Selbst wenn Sie über die Organisation, der die Veranstaltung gilt, nichts wissen, können Sie doch folgende Fragen stellen:

– »Sind Sie Mitglied?«

– »Kann ich auch beitreten?«

– »Woher kennen Sie die Braut (den Ehrengast, das Geburtstagskind, das Silberpaar, diesen Politiker etc.)?«

Fragen sollten immer so gestellt werden, daß man sie gerne und vielleicht etwas ausführlicher beantworten möchte. Hier sind einige Musterfragen:

Wahlversammlung für einen bestimmten Politiker:

– »Was halten Sie von diesem Kandidaten?«

– »Haben Sie eine bestimmte Aufgabe im Wahlkampf übernommen?«

Wohltätigkeitsveranstaltung:

– »Warum engagieren Sie sich gerade für die Krebshilfe (Multiple-Sklerose-Gesellschaft etc.)?«

Bankett Ihres Berufsverbandes:

– »Sind Sie auch Mitglied?«

– »Haben Sie eine bestimmte Aufgabe in diesem Verband?«

Hochzeit der Tochter des Nachbarn:

– »Kennen Sie die Braut oder den Bräutigam?«

– »Wo haben Sie ihn/sie kennengelernt?«

Begegnung beim Waldlauf:

– »Wie oft laufen Sie diese Strecke?«

– »Wie gefällt Ihnen diese Route im Vergleich zu anderen, die Sie gelaufen sind?«

Ich habe meinen Freund Rick Enos bei einem Empfang der Handelskammer in seiner *Compadres Mexican Bar & Grill* in San Francisco kennengelernt. Ich wußte zunächst nicht, daß der Mann, der das Roastbeef zerlegte, der Besitzer des Restaurants war. Ich dachte, er sei ein Kellner, und fragte ihn, welche Sauce er empfehlen würde.

»Das dort ist eine einfache Senfsauce, aber diese Sauce hier ist die Spezialität des Hauses – sie treibt einem die Schweißperlen auf die Oberlippe.« Diese »Saucencharakterisierung« gab den Anstoß zu einem ausführlichen fachmännischen/fachfraulichen Austausch von Rezepten; am Ende wurden Rick und ich Freunde und kamen zudem noch ins Geschäft.

3. Eine positive Aussage über sich selbst

Wenn Sie etwas über sich selbst erzählen, so zeugt das von Offenheit – Sie gehen aber zugleich auch ein Risiko ein. Sie sollten dem Gesprächspartner nichts aufbürden, durch das er sich belastet fühlen könnte.

Gute Gesprächseröffnungen:

– »Es ist unglaublich, daß ich 45 Minuten gebraucht habe, um hierherzukommen – obwohl ich nur vier Kilometer zu fahren hatte!«

– »Nie kann ich Terayakisauce essen, ohne mir den Schlips zu bekleckern. Na ja, wenigstens macht sich das Braun auf dem Beige gar nicht schlecht.«

– »Dieses Essen sieht wirklich gut aus. Ich bin froh, daß ich keine Zeit hatte, zu Mittag zu essen.«

Persönliche Mitteilungen, die Sie über sich selbst machen, sollten Sie im allgemeinen positiv formulieren. Vor einiger Zeit war ich zum Geschäftsessen einer Berufsorganisation eingeladen und begrüßte einen der Repräsentanten. Als ich ihn fragte, wie es ihm gehe, erwähnte er seine Scheidung. Dann sprach er ausführlich über sein desolates Liebes- *und* Sexualleben. Mir wurde klar, daß er einen Gesprächspartner dringend nötig hatte, aber dieses Treffen war weder der richtige Zeitpunkt noch der richtige Ort ... und ich war nicht der richtige Ansprechpartner für ihn.

Ein wahrhaft köstliches Gesprächsthema ist meist das Essen. Schon unsere Großmütter wußten das ... und brachten riesige Mengen davon auf den Tisch. Es ist kein

Zufall, daß Konferenzen, alle Arten von Einladungen und Familientreffen häufig um einen gedeckten Tisch herum stattfinden. Wenn Menschen gemeinsam bei einer Mahlzeit sitzen, dann ist dies nahrhaft: für den Körper ebenso wie für die Seele – und oft auch für die Geschäftsbeziehungen.

Der Flirt

Und da wir gerade die Anknüpfungspunkte behandeln... Wie steht es mit einem kleinen Flirt? Was ist mit den Worten, der Körpersprache, dem Gesichtsausdruck und den Blicken, die bewirken, daß wir uns vielleicht auch privat näherkommen?

Für einige Menschen bedeutet ein Flirt nicht viel mehr als ein freundliches Necken, ähnlich wie der Small talk. Ein gutmütiges, freundliches Necken kann Spaß machen, manchmal auch im Büro.

Für andere jedoch ist ein Flirt zugleich eine Verheißung. Alles hängt natürlich von der Person ab, die flirtet, von der, mit der geflirtet wird, und davon, was wirklich abläuft.

Grundsätzlich gilt: Ein Flirt und berufliche Beziehungen vertragen sich meist nicht! Was der eine für Small talk hält, ist für den anderen die Einladung zu einer Sexorgie. Fragen Sie sich, ob Sie jenen Geschäftsabschluß tätigen oder jene Beförderung bekommen wollen, weil jemand Sie als Partner im Berufsleben schätzt oder weil er ein Abenteuer mit Ihnen im Sinn hat.

Strategie Nr. 6
Teilnahme am Gespräch: sich einbeziehen, nicht einbrechen

Es ist ein großer Unterschied, ob Sie sich in die Gespräche anderer vorsichtig *einbeziehen* oder ob Sie einfach einbrechen. Wenn Sie an einem Gespräch teilnehmen wollen, das bereits im Gange ist, dann erfordert das ein Körnchen Courage, aber auch ein Pfund Sensibilität. Beobachten Sie zunächst einmal die Körpersprache der Gesprächsteilnehmer, und hören Sie ihrem Tonfall zu, um daraus einige Hinweise zu gewinnen.

Einer meiner Klienten bot folgende Ratschläge zum Thema »sich einbeziehen, aber nicht einbrechen« an:

1. Vermeiden Sie es, sich zwei Leuten aufzudrängen, die in ein bestimmtes Thema vollkommen vertieft zu sein scheinen. Wenn zwei Menschen die Köpfe zusammenstecken, dann können Sie sicher sein, daß sie sich intensiv mit einem sehr wichtigen Thema – oder miteinander – befassen.

2. Erfolgversprechender ist es, sich Gruppen von drei oder noch mehr Teilnehmern zu nähern. Stellen Sie sich erst einmal irgendwo in die Nähe. Kommentieren Sie zunächst das, was gesagt wird, nur mit Ihrem Gesichtsausdruck. Wenn Sie das Gefühl haben, Sie würden einbezogen, entweder verbal oder durch Augenkontakt, dann ist der Zeitpunkt gekommen, selbst etwas zum Gespräch beizutragen.

3. Seien Sie offen gegen andere, die auch gerne dazu-

stoßen möchten. Wenn Sie jemanden am Rande Ihrer Gesprächsgruppe stehen sehen, dann denken Sie daran, wie unwohl Sie sich selbst in dieser Situation gefühlt haben.

Wenn Sie jemanden, der in einer Gesprächsrunde steht, nur *begrüßen* möchten, dann könnten Sie vielleicht sagen: »Entschuldigen Sie, daß ich Sie unterbreche, aber ich wollte nur guten Tag sagen.« Dann entfernen Sie sich wieder. Vielleicht entdecken Sie aber auch, daß Ihre Unterbrechung den Gesprächsteilnehmern sehr willkommen ist und daß Sie eingeladen werden, am Gespräch teilzunehmen!

Was ist, wenn jemand Ihr gerade sehr intensives und wichtiges Gespräch unterbricht? Nach Meinung der Psychologin Dr. Geraldine Alpert können Sie zugleich resolut und freundlich reagieren. Erwidern Sie höflich die Begrüßung. Deuten Sie an, daß Sie das Gespräch zunächst beenden müssen, daß Sie aber später noch einmal auf ihn oder sie zukommen werden. Natürlich müssen Sie dann Ihr Wort auch halten!

Strategie Nr. 7
Ausklinken: Wie man sich höflich wieder entfernt

Viele von uns fühlen sich unwohl, wenn es darum geht, ein Gespräch von sich aus zu beenden. Das sei unhöflich

– so ist uns früher einmal gesagt worden. Zu den Spielregeln einer Cocktailparty gehört es jedoch, daß wir von einem zum anderen weitergehen sollen. Wir sollten nicht länger als acht bis zehn Minuten bei einer einzelnen Person verweilen. Wir sind eingeladen worden, damit wir die anderen Teilnehmer kennenlernen können. Nutzen wir also die Gelegenheit, mit Personen ähnlichen Interesses, mit Kollegen oder potentiellen Kunden zusammenzutreffen und so viele Leute wie möglich zu begrüßen oder kennenzulernen. Eigentlich sollten wir *nicht* mit ein und derselben Person bis zum Schluß zusammenstehen – obwohl wir das manchmal tun, weil wir uns dann »sicherer« fühlen.

Ein guter Abgang

Wie findet man einen guten Abgang? Ich erinnere mich genau daran, daß ich einmal geschlagene zwanzig Minuten mit jemandem sprach, dessen Gesellschaft ich nicht als besonders angenehm oder anregend empfand. Als der Kollege, mit dem zusammen ich gekommen war, mich fragte, warum ich das getan hätte, druckste ich herum und sagte, ich hätte nicht unhöflich sein wollen. »Susan«, meinte er, »warum in aller Welt hast du nicht einfach gesagt: ›*Entschuldigen Sie mich bitte.*‹?«

Das ist nämlich alles, was Sie tun müssen. Sie könnten vielleicht noch ein wenig schmeichelhafter sagen: »Entschuldigen Sie mich jetzt bitte, die Unterhaltung mit Ihnen war sehr angenehm.« Ich selbst lüge äußerst ungern, deshalb sage ich in solchen Fällen lieber: »Entschuldigen Sie mich bitte, es war *interessant,* mich mit Ihnen zu unterhalten.« Aber das Prinzip ist dasselbe.

Um sich den Abgang ein wenig zu erleichtern, sollten Sie warten, bis *Sie selbst* gerade etwas gesagt haben, was als Schlußpunkt dienen könnte. Dann lächeln Sie freundlich und sagen: »Entschuldigen Sie mich bitte, es war sehr nett, Sie zu treffen.« Sie könnten hinzufügen: »Ich glaube, dort hinten steht mein Chef (Kunde, Partner, Mann, meine Schwiegermutter).« Das alte »Ich muß mir mal etwas zu trinken holen« ist nicht so glücklich, da Sie, zumindest als Mann, in dem Fall auch Ihren Gesprächspartner/Ihre Gesprächspartnerin fragen müßten, ob Sie ihm oder ihr auch etwas mitbringen können. Dann müssen Sie nicht nur noch einmal zurückkehren, sondern der betreffenden Person vielleicht auch noch einen Drink spendieren.

Wenn Sie sich einmal gelöst haben, dann sollten Sie sich sichtbar in einen anderen Teil des Raumes bewegen. Sie machen damit deutlich, daß Sie wirklich jemand anderen gesehen haben oder daß Sie etwas Bestimmtes tun mußten und daß Sie Ihren vorigen Gesprächspartner nicht nur einfach deshalb stehenlassen wollen, weil Sie sich gelangweilt haben.

Eine wichtige Frage am Ende der Party: Haben Sie auch nicht vergessen, sich beim Gastgeber oder der Gastgeberin zu bedanken? Selbst wenn das Mittagessen von der Handelskammer organisiert worden ist, gibt es doch irgend jemanden, der die Verantwortung trägt und der das Menü, das Programm und alles andere geplant hat. Finden Sie heraus, wer das ist, und danken Sie ihm oder ihr. Wenn Sie wirklich gehen wollen oder müssen, lassen Sie sich nicht mehr in zeitraubende Gespräche verwikkeln! Ronn Owens, Conférencier der San Francisco Talk Show, betont, daß Sie dann, wenn Sie bereit sind zu gehen, auch wirklich *gehen* sollten!

Was Sie tun sollten – was Sie nicht tun sollten

Was Sie tun sollten:

– Reagieren Sie flexibel auf Unvorhergesehenes! Seien Sie offen für alles Gute, was Ihnen begegnen mag, nicht nur für das, was Sie in Ihrer Phantasie bereits vorweggenommen haben.

– Halten Sie Ihr Wort: Wenn Sie gesagt haben, Sie würden jemanden anrufen oder ihn zum Mittagessen einladen, dann müssen Sie das auch tun. Wenn Sie ihn nicht anrufen wollen, dann versprechen Sie es auch nicht.

– Eins dürfen Sie nicht zu Hause vergessen: Ihren Sinn für Humor! Ihr Humor hilft Ihnen, die Herzen anderer Menschen zu gewinnen und kleine Pannen, etwa ein paar vergessene Namen oder verschüttete Sekttropfen, mit Charme zu überstehen. Wer lachen kann, auch über sich selbst, hilft auch anderen aus der Verlegenheit!

– Behandeln Sie jedermann freundlich, unabhängig von seinem Titel und seiner Position! Sie können übrigens nie wissen, mit wem Sie es in Wirklichkeit zu tun haben. Sich nur um die »entscheidenden Persönlichkeiten« zu bemühen ist bestimmt eine schlechte Entscheidung. Mag sein, daß jemand im Moment sehr »wichtig« ist – aber schon in der nächsten Woche kann das ganz anders aussehen.

– Kleiden Sie sich dem Anlaß entsprechend. Im Zweifel ziehen Sie Ihren gesunden Menschenverstand zu Rate!

Was Sie nicht tun sollten:

– Keine Zigarren oder Pfeifen! Wenn möglich sollten Sie überhaupt nicht rauchen. Wer den Raum mit einer Zigarette betritt, bleibt anderen leicht als »der Aschestreuer« im Gedächtnis!

– Kein Schlückchen mehr, als Ihnen guttut! Solange noch potentielle Kunden in der Nähe sind, sind Sie, selbst wenn es schon spät ist, immer noch »im Dienst«.

– Setzen Sie sich nicht hin. Wer auf seinen vier Buchstaben sitzt, kann auf niemanden zugehen!

Kurz und bündig

Diese sieben Strategien werden Ihnen dabei helfen, auf andere Menschen zuzugehen und neue Kontakte zu knüpfen:

1. Treten Sie mutig ein, orientieren Sie sich, und sehen Sie sich nach Leuten um, die Sie entweder kennen oder *kennenlernen* möchten.

2. Nutzen Sie die Möglichkeit, einen Freund mitzubringen.

3. Sehen Sie sich um, ob Sie irgendwo einen Klammergriff-Trinker oder andere Personen entdecken, die sich über Ihr Interesse und ein Gespräch mit Ihnen freuen würden.

4. Nutzen Sie die Vorteile von Namensschildern.

5. Es gibt eine Million verschiedener guter Einleitungssätze. Wenn Ihnen nichts Originelles einfällt, sagen Sie einfach nur »hallo« oder »guten Tag«. Alles ist passend, wenn Sie es mit einem Lächeln und ehrlichem Interesse sagen.

6. Scheuen Sie sich nicht, sich in Gespräche einzubeziehen, die bereits im Gange sind.

7. Ein Gespräch taktvoll zu beenden ist eine Kunst, die Sie lernen müssen. Vergessen Sie nicht, sich beim Gastgeber zu bedanken.

8

Sechs Regeln für ein lebendiges Gespräch

Sie haben sich auf Ihre Teilnahme sehr gut vorbereitet. Sie sind gerade angekommen, und es fällt Ihnen leicht, sich unter die Leute zu mischen. Sie haben sogar jemanden entdeckt, mit dem Sie sich unbedingt unterhalten möchten, und haben sich selbst vorgestellt ... mit Charme und vielleicht mit ein wenig Courage.

Aber: Was sollen Sie als nächstes sagen?

Sie können sich inzwischen sehr gut selbst vorstellen, aber Sie haben immer noch eine Heidenangst vor dem nächsten Schritt: *Konversation zu machen.*

Zum ersten Eindruck, den jemand von Ihnen gewinnt, trägt entscheidend Ihre Fähigkeit bei, mit jemandem ein Gespräch anzuknüpfen. Gute Gesprächspartner sind entspannt und zugleich engagiert. »Nichts ist so ansteckend wie Begeisterung; sie kann Steine ins Rollen bringen und selbst Scheusale in liebenswerte Menschen verwandeln.« Das sagt Edward Bulwer-

Lytton in seinem Buch *637 of the Best Things Anybody Ever Said.*

Ein guter Gesprächspartner hat zunächst einmal ein echtes Interesse an anderen Menschen. Wenn wir nur auf »unseren großen Auftritt« warten oder wenn wir aus unserem Gesprächspartner bestimmte Informationen herauspressen wollen, dann werden wir wahrscheinlich jedes Gespräch abtöten. Wir können unserem Gegenüber nicht nur mit den Ohren zuhören, sondern auch mit den Augen und mit unserem ganzen Gesicht: So zeigen wir ihm, daß uns seine Reaktionen, Gefühle und Gedanken wichtig sind.

Nutzen Sie den Augenblick! Gestalten Sie dadurch, daß Sie »ganz da« sind, jene paar Minuten mit jedem Ihrer Gesprächspartner zu einem kleinen Fest!

Ihr erstes Gesprächsthema mit einem Unbekannten wird sich wahrscheinlich *nicht* um atomare Abrüstung, Abtreibung oder den Zusammenbruch der Weltwirtschaft drehen – es sei denn, Sie nehmen an einem Ereignis teil, das dieses Thema zum Anlaß hat.

Wahrscheinlich werden Sie zunächst einmal ein wenig Small talk machen. Noch einmal: Small talk, der im Grunde dazu dient, gemeinsame Interessen festzustellen und sich besser kennenzulernen, ist *wertvoll*! Ich teile die Meinung von Michael Korda: »Small talk hat nichts mit Dummheit oder Oberflächlichkeit zu tun.«

Für den Small talk ebenso wie für tiefergehende Diskussionen gibt es sechs Grundregeln. Sie helfen, das Gespräch in Fluß zu bringen und zugleich Interessen aufzuspüren, die Sie mit dem anderen gemeinsam haben.

Regel Nr. 1
Lesen Sie täglich die Zeitung

Ein guter Gesprächspartner liest täglich die Zeitung! Einige Leute scheuen davor zurück – bis sie es einmal probiert haben. Dies ist nicht nur der beste Weg, um sich Wissen – und Gesprächsthemen! – anzueignen, es kann auch spannend und unterhaltsam sein. Zeitunglesen ist so fesselnd, daß ich Sie fast warnen möchte: Werden Sie nicht süchtig! Wenn Sie nämlich einmal begonnen haben, dann ist es sehr schwer, wieder aufzuhören.

Die Fernsehnachrichten sind kein Ersatz fürs Zeitunglesen. Fernseh- und Radionachrichten fassen einen Krieg zu einer 15-Sekunden-Nachricht und eine Präsidentenwahl zu einem 30-Sekunden-Feature zusammen. Aber einen wirklichen Einblick in jene Themen gewinnen Sie durch solche Kurznachrichten nicht.

Auch der *Spiegel* oder der *Stern* sind kein ausreichender Ersatz – und Ihre Fachzeitschriften natürlich auch nicht. Wie faszinierend auch immer diese Publikationen sein mögen, sie befassen sich nur selten mit den politischen Tagesnachrichten und erscheinen nicht jeden Tag.

Warum sollte ein sehr beschäftigter Mensch, der mit Aufgaben und Verpflichtungen bereits überhäuft ist, eine Tageszeitung lesen? Weil ein guter Gesprächspartner belesen und allgemein umfassend informiert ist! Eine Zeitung zu lesen macht es sehr viel leichter, mit anderen Menschen Kontakte zu knüpfen und zu kommunizieren.

Information ist Macht. Wenn wir eine solide Wissensbasis aufbauen, dann fällt es uns leicht, einen interessanten Gesprächsbeitrag zu leisten.

Müssen Sie über *alles* genau Bescheid wissen? Natürlich nicht. Aber Sie sollten ausreichend informiert sein, um Gespräche anknüpfen oder zu ihnen beitragen zu können. Wer intelligente Fragen stellen will, muß erst einmal etwas vom Thema verstehen!

Es sind die *intelligenten* Fragen, die andere dazu herausfordern, über ihren Spezialbereich und über ihre persönlichen Interessen zu sprechen. Wer sie stellt, kann vieles lernen. Jedes Ereignis, jede Konferenz und jede Party wird so zu einer Chance, sich weiterzubilden.

So verschaffen Sie sich schnell einen Überblick

1. Beginnen Sie mit dem Teil, der Sie am meisten interessiert – selbst wenn das die Comicserie sein sollte. Wenn Sie mögen, können Sie jeden Tag mit einem Lachen beginnen: Etwas Lustiges finden Sie in Ihrer Zeitung immer!

2. Wenn Sie unter Zeitdruck stehen und die ganze Zeitung erst später lesen können, dann überfliegen Sie zumindest die Schlagzeilen und die ersten Absätze. Zeitungen werden Gott sei Dank ohnehin für Leute geschrieben, die sehr beschäftigt sind; die wesentlichen Informationen jedes Artikels – wer, was, wo, wann und wie – finden Sie fast immer im ersten Absatz.

3. Lesen Sie den Wirtschaftsteil selbst dann, wenn Sie zunächst keine Lust dazu haben. Wenn Sie eine bestimmte Position haben oder eine bestimmte Karriere

verfolgen, dann nehmen Sie teil an der wirtschaftlichen Entwicklung und sollten also wissen, was in der Geschäftswelt vor sich geht. Sie werden auf jeden Fall mit *anderen* zu tun haben, die im Geschäftsleben stehen; es ist in jedem Fall sinnvoll, wenn Sie einen Einblick in deren Interessen und Anliegen gewinnen.

Wirtschaftsnachrichten sind durchaus keine »böhmischen Dörfer«, und sie setzen bei weitem nicht so viel Fachwissen voraus, wie einige Leute vermuten. Sie brauchen kein Diplom-Volkswirt zu sein, um sie zu verstehen. Zeitungsverleger müssen ihre Produkte auch *absetzen*, und das wäre gar nicht möglich, wenn sie nicht Artikel publizierten, die der Durchschnittsleser begreift und interessant findet.

Wenn Sie den Wirtschaftsteil lesen, dann bekommen Sie Informationen, die Sie nutzen können, um mit anderen Menschen Kontakt aufzunehmen. Eines Morgens las ich, daß die Firma, für die ich einen Vortrag hielt, die Hälfte ihrer Geschäftsanteile verkauft hatte. Für mich war es, sowohl im Vortrag als auch in Einzelgesprächen, wichtig, mich auf diese Information zu beziehen. Ich konnte ein Thema anschneiden, das allen Angestellten unter den Nägeln brannte und das in allen Büros diskutiert wurde. Anstatt meine Zuhörer mühselig von dem abzubringen, was ihnen am meisten am Herzen lag, konnte ich eben dies in meinen Vortrag einbeziehen und sie damit fesseln.

4. *Werfen Sie einen Blick auf die Sportseite!* Selbst wenn Sie persönlich kein Sportfan sind, wird Ihnen ein solcher Zeitgenosse sicher häufig über den Weg laufen – und

Sport ist ein wunderbares Thema für einen ersten Kontakt. Wir wünschen uns, daß wir ins Gespräch kommen und daß sich unser Gesprächspartner mit uns wohl fühlt. Sollte er einer der vielen Zeitgenossen sein, die an den Fußballergebnissen, an Steffi Graf oder an Springreiten interessiert sind, dann haben sie bei ihm schon einen »Stein im Brett«, wenn Sie nur *irgend etwas* über den Sport wissen.

Sie brauchen deshalb nicht die Namen der Tennischampions der vergangenen dreißig Jahre auswendig zu lernen! Aber wenn die Meisterschaftsspiele in einer Stadt ausgetragen werden, in der Sie gerade geschäftlich zu tun haben, dann sollten Sie zumindest wissen, wer daran teilnimmt und worum es geht. Sie zeigen damit, daß Sie umfassend informiert sind und daß die Interessen anderer Ihnen am Herzen liegen.

Vor einigen Jahren rief ich Jeff Waddle an, damals Herausgeber der Zeitschrift *Meeting Manager.* Wir sprachen über einige Artikel, die ich gerne veröffentlichen wollte, und Jeff fragte, ob ich zufällig im Fernsehen das Spiel der Baseballmannschaft *Cincinnati Reds* verfolgt hätte. Zufällig wußte ich, daß Jeff ein Fan der *Cincinnati Reds* war, und wir sprachen eine Weile lang über Mannschaften, Sportplätze und über den Baseballstar Pete Rose.

Ein kleines Nebenergebnis dieses Gesprächskontakts: Jeff veröffentlichte im Laufe der nächsten drei Jahre sechs Artikel von mir in *Meeting Manager* – und durch diese Artikel gelang es mir wiederum, neue Kontakte zu knüpfen und Geschäftsbeziehungen aufzubauen. Was wäre gewesen, wenn ich nichts über Pete Rose gewußt hätte? Nun, es gibt natürlich auch andere Gesprächsthemen. Chicago ist meine Heimatstadt: Wahrscheinlich wäre mir irgendeine Bemerkung über Chicago eingefallen.

5. Vergessen Sie nicht die Comics. »Cathy« gehört zu meinen Lieblingscomics, und häufig habe ich herzlich mit anderen darüber gelacht. Wenn ich bei einem bestimmten Comic spontan an jemanden denken muß, den ich kenne, dann fotokopiere ich die Witzserie oder klebe sie auf einen meiner Briefbögen und schicke sie an die betreffende Person, manchmal noch zusammen mit einem kurzen Brief. Dies ist eine gute Möglichkeit, um Kontakte zu pflegen; mit Humor fällt es immer leicht, den Weg zum anderen zu finden.

6. Lesen Sie den feuilletonistischen Teil und die Wochenendbeilage. Dort finden Sie besondere Beiträge zu aktuellen Anlässen, Roman- und Sachbuchauszüge, Besprechungen von Neuerscheinungen, Humor, Kommentare, alles über die neueste Mode und Artikel über Gesundheit, soziale Themen oder auch Haus und Familie. Diese Seiten der Tageszeitung sind eine Bereicherung Ihres »Wissensfundus«; Sie finden darin vieles, was Ihnen hilft, ein Gespräch anzuknüpfen oder in Gang zu halten – etwa zum Thema Streß, Karrieren, Scheidung, Rückenleiden, Diäten, Verkehrsverbindungen etc.

Regel Nr. 2
Ausschneiden und sammeln

Als ich das College besuchte, war an fast jeden Brief, den ich von meinen Eltern bekam, ein *Zeitungsausschnitt* geheftet. Gewöhnlich handelte es sich um den Brief einer Mutter, die sich über ihre Tochter im College-Alter verzweifelt beklagte. Adressiert war dieser Brief an die Kummerkastentante oder an einen psychologischen Berater. Dies waren, kurz gefaßt, die Themen:

(Meine Tochter . . .)
a) hat nicht geschrieben
b) hat nicht angerufen
c) will die Ferien nicht zu Hause verbringen
d) hat keinen angemessenen gesellschaftlichen Umgang
e) lehnt Verabredungen mit wohlerzogenen, heiratsfähigen Männern ab, die der angemessene gesellschaftliche Umgang wären (siehe d).

Stellen Sie sich vor, wie entsetzt ich über mich selbst war, als ich mich eines Tages ebenfalls beim Ausschneiden von Zeitungsartikeln ertappte! Das Laster schien *erblich* zu sein! Mein einziger Trost: Viele meiner Kollegen hatten offenbar auch diese Schwäche! Zumindest hat sie ein Gutes: Man kann damit wunderbar ein Gespräch einleiten. Jack Saunders, Manager von *Pacific Bell,* gibt ebenfalls zu, daß er Zeitungsartikel ausschneide. »Häufig schicke ich jemandem einen Ausschnitt, der sich auf ein bestimmtes Gespräch zwischen uns bezieht. Auf diese Weise rufe ich mich bei dem, den ich getroffen habe, ins Gedächtnis.«

Saunders sammelt auch humorvolle Artikel. Er bewahrt sie in einem Aktenordner auf, liest sie von Zeit zu Zeit wieder durch und nimmt sie als Gesprächsaufhänger. »Meist lacht mein Gesprächspartner ebenfalls gern – und schon ist das Eis gebrochen.«

Das Ausschneiden und Sammeln von Artikeln und Cartoons trägt zur Kontaktpflege und zum Gespräch bei. Sie können beispielsweise humorvoll-satirische Artikel sammeln, solche, die gerade zum Thema gehören, oder auch solche, die sich auf einen Anlaß von allgemeinem Interesse beziehen. Ob Sie nun den Sinn für Sensationen oder, besser noch, den Sinn für Humor ansprechen möchten: Auf jeden Fall kann Ihre Begeisterung für ein bestimmtes Thema ansteckend sein.

Regel Nr. 3
Lesen Sie Mitteilungsblätter, die Zeitschrift Ihres Berufsverbandes und Protokolle

Manchmal werden wir zu Ereignissen eingeladen, die unter der Schirmherrschaft einer Organisation stehen, die wir kaum kennen. Solche Ereignisse wie etwa ein Wohltätigkeitsfest oder die Weihnachtsfeier eines Kunden bedürfen bisweilen einer besonderen Vorbereitung. Wenn Sie eine Organisation kennenlernen wollen, lesen

Sie deren Mitteilungsblatt oder die Zeitschrift des entsprechenden Berufsverbandes.

Wenn Sie jemanden ansprechen, weil Sie sein Foto in der Betriebszeitung gesehen haben, dann wird sich die betreffende Person vielleicht sogar ein wenig geschmeichelt fühlen und sich gerne mit Ihnen unterhalten.

Dasselbe gilt für Sitzungsprotokolle. Wenn Sie an der Konferenz einer Organisation oder Gruppe teilnehmen, über die Sie wenig wissen, dann bitten Sie um Einsicht in die Protokolle der letzten drei Monate. Ihr Interesse und Ihr Engagement werden eine beredte Sprache sprechen, und Sie bekommen zudem einen Einblick in die neuesten Entwicklungen: So sind Sie vorbereitet und können zudem interessante und relevante Informationen zum Gespräch beitragen.

Regel Nr. 4
Aufpassen und aufschreiben

Ein Bonmot kann eine interessante, humorvolle oder provozierende Gesprächseröffnung sein. Freunde, Geschäftspartner, Kinder, die Frau am Obststand – fast jeder gibt bisweilen etwas Bemerkenswertes von sich. Wenn Sie Ihre Ohren offenhalten, können Sie überall Interessantes und Witziges hören.

Manchmal kann man mehrere kleine Geschichten sehr amüsant aneinanderfügen. Meine Freundin Lana Teplick beispielsweise bemerkte einmal über Männer: »Nimm einfach an, daß sie *alle* verheiratet sind, bis dir das Gegenteil bewiesen wird.« Ich erzählte dieses kleine Bonmot einer anderen Freundin, Diane Bennett, und fragte sie, wie Männer wohl »das Gegenteil beweisen« könnten. Sie erwiderte: »Frag sie nach ihrer *privaten* Telefonnummer.«

Eine andere Freundin, Sylvia Cherezian, eine Kollegin aus meiner Grundschullehrerzeit, hat heute einen 24-Stunden-Job als Mutter zweier kleiner Söhne. Einmal bemerkte sie voller Verzweiflung über ihren Sohn Charles: »Mein Gott, dies ist ein Kind, das ich *niemals* in meiner Klasse akzeptiert hätte!« Ich erwähne diesen Kommentar manchmal gegenüber Kollegen, wenn sie mir erzählen, daß sie Kinder hätten – und das Gespräch kommt wunderbar in Fluß.

Um diese Kommentare und kleinen Geschichten als Gesprächsanlässe nehmen zu können, müssen wir uns allerdings an sie *erinnern.* Einige Leute haben ein Heftchen, in das sie Witziges und Bemerkenswertes eintragen; andere tragen immer einen kleinen Notizblock mit sich herum, um Amüsantes schnell schriftlich festzuhalten. Sogar eine wirklich prachtvolle Zeile oder Geschichte kann aus dem Gedächtnis entschwinden, wenn wir uns nicht die Zeit nehmen, sie irgendwo aufzuschreiben.

Häufig stelle ich im Gespräch einen Ratschlag zur Diskussion, den mir meine Kollegin und Freundin Joyce Siegel einmal gegeben hat: »Meide den, bei dem du hinterher nur eine einzige Minute darauf verwenden mußt, dich zu fragen, ob er wirklich offen und aufrichtig gewesen sei.«

Regel Nr. 5
Humor macht Spaß

Humor ist ein wirklicher Eisbrecher und eine Medizin, die große Heilwirkung haben kann.

Soziologische und medizinische Forschungen unterstützen die Bedeutung und den Wert von Humor. Nach Feststellung von Dr. William Fry vom Medizinischen Institut in Stanford ist Lachen gesund. »Lachen stimuliert das Gehirn, schmerzlindernde Hormone zu produzieren. Es stimuliert auch die Drüsenfunktionen, so daß Krankheitssymptome und Depressionen gelindert werden können«, sagt Dr. Fry.

Sie brauchen kein notorischer Spaßvogel oder Clown zu sein, um Humor zu besitzen. Humor kann unter zwei Aspekten definiert werden. Humor bedeutet, die Komik in einer Situation zu erkennen, sie zu genießen und vielleicht sogar sie in Worte fassen zu können.

Ein witziger Satz oder ein treffendes Wort im richtigen Moment kann eine lahme Verhandlung oder die Konferenz der Vorstandsvorsitzenden wieder in Gang bringen. Aber um einen guten Witz zu machen, braucht es Takt: Ein Witz kann Freude bereiten, er kann aber auch sehr verletzend sein!

Humor: Sinnvolles und Verbotenes

Sinnvoll:

– *Üben* Sie das Geschichtenerzählen und die Pointen. Ich habe einmal die Aufhängergeschichte für einen meiner Vorträge siebzehnmal geübt, bevor sie richtig saß.

– Sehen Sie sich Komödien an, im Fernsehen und auch im Kino, und lesen Sie Bücher über Humor.

– Halten Sie sich an die »a.g.&a.-Regel«, um jede Geschichte oder jeden Witz zu überprüfen. Ist er **a**ngemessen? Ist er **g**eschmackvoll? Ist er zu diesem Zeitpunkt **a**ngebracht?

– Lachen Sie über sich selbst. Die Fähigkeit, über sich selbst lachen zu können, ist der beste Beweis für Gelassenheit und Selbstbewußtsein. Zu den besten Geschichten, die Sie erzählen können, gehören die über sich selbst.

Verboten:

– »Erzählen Sie keinen Witz, den Sie nicht auch gut vortragen können«, rät Patricia Fripp, eine international anerkannte Seminarleiterin und berufsmäßige Vortragsreisende.

– Kein Necken und keine Scherze, die jemand anderen herabsetzen! Durch dauernde kleine Nadelstiche kann eine Beziehung sehr schnell durchlöchert werden!

– Rassistische, sexistische oder ganz allgemein menschenverachtende Witze sind verboten!

Regel Nr. 6
Aktiv zuhören

Als Frau, die von Berufs wegen sehr viel reden muß, interessieren mich besonders die Schwächen der *Redner*. Häufig ist jemand ein sehr guter Redner und ein miserabler Zuhörer!

Gut zuhören bedeutet, wirklich *aufzunehmen*, was der andere sagt, sich auf seine Worte zu konzentrieren und dann etwas zu erwidern. Wenn wir wirklich »ganz da« sind und uns auf unseren Gesprächspartner konzentrieren, dann fällt es uns später leichter, uns an die Person und auch an das Gespräch zu erinnern.

In meinen Kontakt- und Kommunikationsseminaren üben die Teilnehmer in Rollenspielen den »Redner« und den »Zuhörer« ein. Gemeinsam mit meinen Seminarteilnehmern habe ich die folgenden Merkmale für einen guten Zuhörer herausgefunden:

1. Augenkontakt
2. Nicken
3. Lächeln und/oder Lachen
4. Fragen, die Interesse signalisieren
5. Feststellungen, die anzeigen, daß man dem Gespräch folgt
6. Gesichtsausdruck
7. Eine Körpersprache, die Empfangsbereitschaft signalisiert.

Wenn wir bewußt und aktiv zuhören, dann wird sich unsere Fähigkeit zum Gespräch und zur Unterhaltung verbessern. Die Kommunikation mit anderen wird dann weniger anstrengend und sehr viel lustvoller sein. Sollte die Kunst des Gesprächs wirklich tot sein? Mit ein wenig Vorbereitung und Engagement können wir sie wiederbeleben!

Kurz und bündig

Ein guter Gesprächspartner zu werden, kann man lernen. Der Prozeß des Lernens ist an sich schon sehr amüsant. Sammeln Sie interessante und humorvolle Informationen: Ihre Gespräche werden angenehmer und entspannter verlaufen.

Vergessen Sie nicht die sechs Grundregeln für ein lebendiges Gespräch:

1. Lesen Sie jeden Tag eine Tageszeitung.
2. Witziges und Interessantes ausschneiden und sammeln.
3. Lesen Sie Mitteilungsblätter, Zeitschriften des Berufsverbandes und Protokolle.
4. Hören Sie aufmerksam zu, und schreiben Sie Wichtiges sobald wie möglich auf.
5. Vergessen Sie nicht: Humor öffnet die Herzen.
6. Hören Sie aktiv zu.

9

Wenn Höflichkeit nicht ausreicht

Für erfolgreiche Menschen sind Umgangsformen sehr wichtig. Erwähnen Sie nur einmal den Begriff »Etikette« oder »gute Manieren« in einer Gruppe von stocksteifen Geschäftsleuten und Managern – und plötzlich kommt Leben ins Gespräch! Warum können solche altmodischen Begriffe ein so lebhaftes Interesse wecken? Einer der Gründe: Gute Manieren scheinen allmählich von der Erdoberfläche zu verschwinden.

Viele Leute sind zu »beschäftigt«, um sich noch an Höflichkeitsregeln halten zu können, etwa wirklich zu antworten, wenn um eine Antwort auf eine Einladung gebeten wird, sich zu bedanken, sich gewandt vorzustellen und andere Menschen mit Höflichkeit und Respekt zu behandeln. Aber schlechte Manieren sind *schädlich* – sowohl für den Ruf als auch für die Bilanzen. Es ist unfreundlich, die Gefühle anderer Menschen zu verletzen – und es ist auch keine gute Geschäftstaktik.

Das Gegenteil gilt genauso. »Wenn Sie ein gutes Produkt oder eine effektive Dienstleistung anbieten und zudem Ihre Kunden und Angestellten mit Höflichkeit und Respekt behandeln, dann wird Ihr Marktanteil schon für sich selbst sorgen«, betont Tom Peters, Finanzberater, Sprecher und Mitautor von *In Search of Excellence*.

Wie *sollen* wir uns denn benehmen, wenn wir auf einer Party, einem Empfang oder bei anderer Gelegenheit mit Menschen zusammenkommen? Die Antwort: *Tadellos!*

Wir sollten:

1. die Benimmregeln kennen und
2. sie mit *Charme* und *Liebenswürdigkeit* befolgen!

Wenn Sie die allgemeinen Höflichkeitsregeln und die Regeln des höflichen gesellschaftlichen Umgangs nicht schon kennen, dann kaufen oder leihen Sie sich ein Buch zu diesem Thema!

Das Problem ist: Die Auffassungen über Benimmregeln und gute Manieren wandeln sich im Laufe der Zeit. Halten Sie sich auf dem laufenden!

Etikette und gute Manieren

Unter Etikette versteht man die Feinheiten des gesellschaftlichen Umgangs, sei dies nun im privaten oder im beruflichen Bereich. Am besten ist es, wenn Sie sowohl die modernen als auch die traditionellen Benimmregeln kennen.

Allerdings genügt das nicht. Der eigentliche Schlüssel zum Herzen eines anderen Menschen ist Liebenswürdigkeit – jene wunderbare Verbindung von Wärme und

Wohlwollen, Höflichkeit und gesundem Menschenverstand.

Einige Menschen befolgen oberflächlich alle Regeln der Etikette, wirken aber dennoch herablassend oder sogar verletzend.

Eine Gastgeberin bemerkte, daß einer ihrer Gäste bei einem förmlichen Abendessen die falsche Gabel benutzte, und wies ihn vor den anderen Gästen auf diesen Irrtum hin. Sie kannte zwar die Regeln der Etikette, aber es fehlte ihr an Liebenswürdigkeit und an Takt. Warum? Menschen mit Takt bringen andere nicht in eine peinliche Situation.

Auch Lady Astor hatte einmal zu einem festlichen Dinner eingeladen. Einer ihrer Gäste nahm die falsche Gabel zur Hand, und sie ... ergriff ebenfalls die falsche Gabel, um ihn nicht in Verlegenheit zu bringen.

Noah Griffin, PR-Spezialist und Leiter der *San Francisco Radio Talkshow,* sagt, daß »Menschen mit Liebenswürdigkeit und Taktgefühl andere so behandeln, daß sich jeder wohl fühlt«.

Liebenswürdige Menschen behandeln andere mit Respekt. Die Benimmregeln zu kennen ist schon viel, wirklich an anderen Menschen interessiert zu sein und rücksichtsvoll mit ihnen umzugehen ist noch weitaus mehr.

Bob Beck ist Vizepräsident der Personalabteilung der Bank of America. In einer Diskussion fragte man ihn, wer ihm nach seiner Meinung wohl am meisten in seiner beruflichen Laufbahn geholfen habe. Die Zuhörer beugten sich sichtbar auf ihren Stühlen vor, um den Namen dieses wichtigen Mentors deutlich zu hören. »Meine

Mutter«, antwortete Bob. »Sie hat mir nicht nur beigebracht, daß ich das, was ich wirklich will, auch erreichen kann, sondern auch, wie man Menschen *höflich* behandelt.«

Wer höflich und liebenswürdig ist, wird gern eingeladen. Und man erinnert sich an ihn . . . aus den richtigen Gründen.

Übrigens behauptet *Baldrige's Complete Guide to Executive Manners,* ein amerikanisches Standardwerk zum Thema gutes Benehmen im Geschäftsleben, daß es zu 99% gesunder Menschenverstand und Freundlichkeit seien, die die guten Manieren im Umgang mit anderen Menschen ausmachen.

R.S.V.P. / U.A.w.g.

Erinnern Sie sich an diese Abkürzungen, oder haben Sie einen Moment gestutzt, als Sie sie lasen? R.S.V.P. steht für *»Répondez s'il vous plaît«*, also französisch für »Um Antwort wird gebeten (U.A.w.g.)«. Vorsicht: Wenn Sie trotz dieses Vermerks nicht antworten, dann werden Sie vielleicht gar nicht wieder eingeladen – zumindest nicht in *mein* Haus.

Eine Einladung mit dem Vermerk U.A.w.g. oder R.S.V.P. muß beantwortet werden. Das ist schon alles, was wir wissen müssen. Da Empfänger von Einladungsbriefen oft recht schlampig sind, werden häufig gleich Antwortkarten beigelegt.

R.S.V.P. im Berufs- und Geschäftsleben

Bei geschäftlichen Anlässen, Meetings und Mittagessen bestimmter Verbände oder Organisationen sind Einladungen mit dem Vermerk R.S.V.P. ein wenig anders zu behandeln. Oftmals bedeutet dieser Vermerk, daß Sie sich vorher anmelden und im voraus bezahlen müssen. Wenn Sie sich anmelden, dann wird auch erwartet, daß Sie teilnehmen. Im allgemeinen brauchen Sie nicht anzurufen, um mitzuteilen, daß Sie *nicht* teilnehmen können – es sei denn, Sie müssen eine vorherige Zusage zurückziehen.

Es ist unhöflich, einfach hereinzuschneien. Ich habe an vielen Mittagessen teilgenommen, bei denen allzu viele allzu »überlastete« Leute (viel zu überlastet, um sich die Mühe zu machen, vorher zu reservieren) in letzter Minute doch noch auftauchten. Das kalte Büffet geriet innerhalb von Minuten in einen Zustand der Auflösung – und der Gastgeber ebenfalls. Ein kaltes Büffet, auf dem nur noch ein paar Radieschen herumrollen – der Alptraum eines jeden Gastgebers.

Wenn Sie am letzten Tag feststellen, daß Sie doch kommen können, dann rufen Sie zumindest am selben Morgen noch an!

Zu antworten, wenn um Antwort gebeten wurde, ist ein Zeichen für gute Manieren, Rücksichtnahme, gute Erziehung und Respekt.

Vorstellungen

Viele Menschen bekommen Herzklopfen, wenn es darum geht, sich selbst oder jemand anderen vorzustellen: Sie haben vergessen, wie man's macht. Mit hochrotem Kopf beginnen sie zu stottern: »Äh ... also, Peter, dies ist Susanne ... nein, Susanne, Peter, mein Freund ... äh.« Wie also ist es richtig? Wenn der Gastgeber oder die Gastgeber zum Empfang bereitstehen, so ist das eine große Hilfe. Sollten Sie sie irgendwo entdekken, gehen Sie direkt auf sie zu und begrüßen Sie sie oder stellen Sie sich vor. Lassen Sie ein paar Informationen über sich selbst fallen, die dann weitergegeben werden können. Wenn niemand dort ist, der Sie in Empfang nimmt und begrüßt, dann atmen Sie tief ein und verlassen sich auf die Strategien, die wir bereits besprochen haben. Wenn Sie irgend jemanden sehen, der nach Ihrer Meinung der Gastgeber oder der verantwortliche Empfangschef sein müßte, dann stellen Sie sich ihm vor: Er wird Sie dann auch mit einigen anderen Gästen bekannt machen.

Letitia Baldrige, die Autorin des erwähnten Benimm-Bestsellers *Complete Guide to Executive Manners*, schreibt in ihrem Buch, daß das Vorstellen nicht kompliziert sei. Das Wichtigste an Vorstellungen wäre, seinen Mut zusammenzunehmen und *es einfach zu tun*! »Menschen einander vorstellen«, so schreibt sie, »ist im Geschäftsleben eine äußerst wichtige Handlung!«

Sie gibt uns fünf Regeln an die Hand:

1. Stellen Sie den jüngeren Gast dem älteren vor.
2. Stellen Sie einen Kollegen Ihrer eigenen Firma einem Berufskollegen aus einer anderen Firma vor.
3. Stellen Sie einen inoffiziellen Teilnehmer einem offiziellen Teilnehmer vor.
4. Stellen Sie einen Angehörigen der mittleren Führungsschicht einem der oberen Führungsschicht vor.
5. Stellen Sie einen Kollegen oder ein Mitglied Ihrer Firma einem Kunden vor.

Das Prinzip: Die »weniger wichtige« Persönlichkeit sollte der »wichtigeren« vorgestellt werden. (Wir wissen, daß alle Menschen gleichwertig sind, aber wir befassen uns hier mit den Spielregeln des gesellschaftlichen Umgangs.)

Hier ein paar Beispiele:

– »Herr Müller-Heidenreich, dies ist meine Tochter Sabine. Sabine, dies ist Herr Müller-Heidenreich, der Präsident unserer Firma.«

– »Herr und Frau Tienappel, darf ich Ihnen meinen Kollegen von der Firma *Standard Oil,* Ewald Obermeier, vorstellen? Ewald, dies sind Herr und Frau Tienappel, gute Freunde meiner Eltern.«

Was Titel anbetrifft, so sagt Letitia Baldrige: »Wenn man Leute gleichen gesellschaftlichen Ranges oder mit ähnlicher Ausbildung (Beispiel: zwei Akademiker) einander vorstellt, dann braucht man bestimmte Titel, etwa Diplom-Ingenieur, nicht zu nennen, es sei denn, es handelt sich um eine ältere Person oder aber jemanden mit Doktor- oder Professorentitel, etwa einen Arzt oder Rechtsanwalt, oder jemanden mit einem offiziellen Titel, etwa einen Oberbürgermeister.« Mit anderen Worten: Sie können Titel wie Dr. Müller, Bürgermeister Piepenbrink, Herr Pastor Ohnesorge o. ä. nennen, aber zwei Vizepräsidenten sind vielleicht einfach Frau Fleischhauer und Herr Starke.

Wenn Sie jemanden mit einem offiziellen öffentlichen Amt vorstellen, dann muß sein Titel in fast allen Situationen genannt werden. Sie könnten etwa sagen »Herr Major Felsenstein« oder »Herr Major Felsenstein a. D.« oder »Frau Bundestagspräsidentin Süßmuth« ... oder »der frühere Bundestagspräsident, Herr Dr. Jenninger«.

Grübeln Sie aber auch hier nicht lange über die Etikettenregeln nach; das Wichtigste ist, daß Ihre persönliche Ausstrahlung und Ihr Humor nicht verlorengehen. Es ist schon sehr viel wert, wenn Sie zeigen, daß Sie *möchten,* daß bestimmte Personen sich kennenlernen. Im Zweifel nennen Sie einfach nur die Namen, deuten an, wer die betreffenden Personen sind und was sie möglicherweise gemeinsam haben.

Tausend Namen oder der große Blackout

Jeder freut sich, wenn man sich an seinen Namen erinnert. Aber für den, der mit vielen Menschen zusammenkommt, ist das fast unmöglich.

Der klassische Alptraum: Sie besuchen den Empfang

des Wohlfahrtsverbandes im Ballsaal des Hotels; zweihundert Gäste sind geladen. Ein Mann stürzt auf Sie zu, ergreift Ihre Hand und ruft begeistert: »Schön, Sie einmal wiederzusehen!«

Ihre Gedanken rennen, Ihr Herz klopft, auf Ihrer Stirn perlen Schweißtropfen: Wer *ist* der Mensch?

Was sollen Sie machen? So tun, als würden Sie ihn nicht kennen? Sich abwenden und quer durch den Raum sprinten? Sich unter dem kalten Buffet verstecken? Sich an die Brust schlagen und um Verzeihung flehen?

Natürlich nicht. Sagen Sie einfach die Wahrheit ... am besten mit ein wenig Humor. Sie können etwa sagen:

– »Verzeihung. Seitdem ich vierzig geworden bin, kann ich mich kaum noch an meinen eigenen Namen erinnern.« (Ein Satz, der von sympathischer Selbstironie zeugt!)

– »Bitte, helfen Sie mir. Ich habe gerade einen Blackout – möglicherweise eine ererbte Schwäche.« Oder: »Seit meiner letzten Nulldiät leide ich unter Gedächtnisschwäche.«

Wer würde Ihnen in dieser Situation nicht zu Hilfe kommen?

Ebenso lassen aber auch Sie nie jemanden zappeln, bis er sich eindeutig an Sie und an Ihren Namen erinnert. Nennen Sie selbst Ihren Namen – klar und deutlich! Geben Sie dem anderen einen Hinweis, wer Sie sind und wo Sie ihn bereits getroffen haben. Mani Costa, Direktor des *Myrtle-Beach*-Kongreßzentrums, erwähnt bei einer Vorstellung oft, daß er bei der Stadt beschäftigt sei. »Der andere fühlt sich dann gleich wohler, weil er einen

Gesprächsaufhänger hat oder eine passende Frage stellen kann.«

Die Gedächtnisexpertin Dr. Joan Minninger kennt einige Eselsbrücken. Sie empfiehlt, daß wir unseren eigenen Namen nennen und den Namen unseres Gegenübers wiederholen, während wir ihm die Hand schütteln, denn dadurch, so sagt sie, werde der Erinnerungseindruck auch über unsere Muskeln verstärkt. Auch irgend etwas Ungewöhnliches in der äußeren Erscheinung eines Menschen, das wir uns einprägen und mit seinem Namen in Verbindung bringen, kann später unserem Gedächtnis auf die Sprünge helfen.

Dankesbriefe

Ein Dankesbrief ist eine sehr charmante Geste und zudem eine, die von jedem Gastgeber und von jeder Gastgeberin sehr geschätzt wird. Angenommen, Sie hätten zehn Gäste zum Abendessen eingeladen. Wie denken Sie über den, der Ihnen hinterher für Ihre Mühe und den angenehmen Abend mit einem Kärtchen dankt?

Dr. Vera Pitts, Professorin an der California State University, führt aus: »Wenn Sie sich die Zeit nehmen, das Essen zu planen, einzukaufen, sauberzumachen, zu kochen, zu servieren und hinterher wieder aufzuräumen, dann dauert das vielleicht sechs bis acht Stunden! Sollte nicht auch der Gast ein paar Minuten übrig haben, um ein Briefchen oder Kärtchen zu schreiben, in dem er sich bedankt?!«

Zugegeben: Die Anstandsregeln schreiben ein solches Dankesbriefchen oftmals nicht mehr vor, aber in vielen Fällen ist es doch sehr passend und freundlich.

Sollten wir diese Briefchen mit der Hand schreiben, auf der Schreibmaschine tippen oder sie in den Computer eingeben? Es ist schade, daß handgeschriebene Briefe immer seltener werden! Einige Leute behaupten, es würde zu lange dauern, einen Brief mit der Hand zu schreiben. Dagegen betonen die meisten »Benimmratgeber«, daß ein handgeschriebenes Briefchen mehr Freude bereite.

Auf dem Seminar einer Firma für Finanzberatung, das ich in einem der Südstaaten der USA hielt, führte einer der Teilnehmer aus, er könne mit sehr viel mehr Menschen Kontakt halten, wenn er computergeschriebene Briefchen verschicke.

Das ist sicher richtig, aber ein älterer, lebenserfahrener Teilnehmer, ein wirklicher »Gentleman« der alten Schule, wandte ein: »Ein handgeschriebener Brief zeigt, daß wir uns die Zeit nehmen, unsere Briefe persönlich zu gestalten, und daß wir den Empfänger individuell bedacht haben.«

Wenn Sie sich nicht dazu aufraffen können, einen Brief mit der Hand zu schreiben, dann gibt es ein »Ersatz-Kommunikationsmittel«: ein gedrucktes Kärtchen. Der Vorschlag kommt von Jim Delahunty, dem früheren Verkaufsleiter von *Hallmark* und jetzigen Besitzer eines Gruß- und Glückwunschkartengeschäfts. »Wir helfen unseren Kunden auch dabei, die richtige Karte auszusuchen«, versichert er.

Benimmregeln – ganz einfach

1. Wer einer Einladung folgt, sollte auch etwas zu *geben* haben. Zumindest sollten wir Energie, Begeisterungsfähigkeit, Offenheit, ein paar Informationen und unseren Humor mitbringen. Wenn Sie mit jemandem Kontakt aufnehmen, dann lächeln Sie ihn an und begrüßen Sie ihn herzlich. Sehen Sie Ihrem Gegenüber in die Augen. Laden Sie auch andere ein, an Ihrem Gespräch teilzunehmen.

2. Lassen Sie die schöne Party nicht in Rauch aufgehen oder zu Asche zerfallen. Rauchen ist ein heißes Thema in den 80ern und wird es auch in den 90er Jahren noch sein. Selbst wenn das Rauchen offiziell nicht verboten ist: Vielen Leuten ist es unangenehm.

Kurz und bündig

Benimmhandbücher sind wichtig, noch wichtiger aber sind Takt und Liebenswürdigkeit. Der beste Benimmratgeber ist der gesunde Menschenverstand.

Verhalten Sie sich liebenswürdig, und versetzen sie sich in den anderen hinein – ob Sie nun auf eine Einladung antworten, jemanden vorstellen oder sich bedanken.

Faustregel: Seien Sie freundlich und rücksichtsvoll.

Und jetzt los!

10

Die Cocktailparty: Mit Freude, Vergnügen und Phantasie

Sie haben die besten Voraussetzungen. Sie kennen Ihre inneren Blockierungen und die entsprechenden Gegenmittel. Sie haben sich auf das Angenehme und die möglichen Vorteile dieser Einladung konzentriert und sich überlegt, was Sie erreichen möchten. Sie sind bereit, mit genau der richtigen Mischung von Courage und Charme auf andere Menschen zuzugehen; Sie sind taktvoll, liebenswürdig und beachten die Höflichkeitsregeln.

Jetzt ist es Zeit, Ihr Wissen, Ihre Informationen und Ihre Kontaktfreudigkeit in die Welt hinauszutragen. In den nächsten Kapiteln werden wir uns auf die Ereignisse konzentrieren, bei denen Sie Ihre Fähigkeiten einsetzen können: die Cocktailparty, die Wiedersehensfeier, die Messe und ... ja, alle Anlässe, zu denen Menschen zusammenkommen.

Die Cocktailparty dient der Erneuerung und Pflege von geschäftlichen und gesellschaftlichen Kontakten. Sie leidlich zu überstehen ist gut – Spaß dabei zu haben ist noch besser.

Cocktailparties sind Treffen, die etwa zwei Stunden

lang dauern; es werden Getränke und manchmal kleine Imbißhappen angeboten. Es ist ein ungeschriebenes Gesetz, daß man möglichst viele Gäste kennenlernt bzw. von einem zum anderen weitergeht. Es gibt drei wesentliche Anlässe für Cocktailparties:

1. gesellschaftlich/privat
2. geschäftlich/beruflich
3. Cocktailparties, bei denen für finanzielle Unterstützung und Spenden geworben wird.

Die Cocktailparty – gesellschaftlich/privat

Die Cocktailparty feiert ein Comeback! Sie war eigentlich niemals ganz verschwunden und ist heute noch viel beliebter als früher. Nach Meinung von Martha Stewart, Redakteurin der Rubrik »Unterhaltung« im *San Francisco Chronicle,* ist sie viel »unkomplizierter als ein Abendessen, zu dem man sich zusammen an einen Tisch setzt. Sie gibt uns Gelegenheit, in kurzer Zeit vielfältige soziale Kontakte zu pflegen.« Sie können Cocktaileinladungen erwidern, ohne gleich Kellner und Köche anheuern und ein dickes Menü planen und einkaufen zu müssen.

Ausgiebige Abendessen, zu denen man sich an einen Tisch setzt, sind auch deshalb seltener geworden, weil wir fast alle fortwährend um unsere (schlanke) Linie zittern. Wir naschen lieber ein Schnitzchen von diesem und ein Bröckchen von dem. Wir ziehen den kleinen Gaumenkitzel dem opulenten Mahl vor.

Die gesellschaftliche Einladung zur Cocktailparty wird

cathy
PARTY
Natürlich gehe ich hin. Ich habe versprochen, zu dieser Party zu gehen.
Ich möchte wirklich gern hingehen.
Ich werde zu dieser Party gehen. Ich muß unbedingt hin. Ich werde bestimmt Spaß haben.
Ich werde offen und freundlich sein. Es wird sicher super. Natürlich wird es eine tolle Party. Ich werde mich großartig amüsieren.
Ich brauche nicht die ganze Nacht zu bleiben. Ich bleibe nur zwei Stunden. Eine oder zwei Stunden. Eine Stunde meines Lebens. Nur eine Stunde Spaß.
Ich werde sicher gut ankommen. Ich werde nette Leute treffen und mich diskret wieder davonschleichen.
Ich werde erst einmal am Haus vorbeifahren. Ich gehe nur rein, wenn es amüsant erscheint. Ich möchte nur… nur…
© 1988 Universal Press Syndicate
…Ich brauche eigentlich überhaupt nicht hinzugehen! Ich werde einfach nicht hingehen!… Ich werde nicht gehen! Ich gehe einfach nicht! Ich bin ein freier Mensch! Die Nacht gehört mir! Das Haus gehört mir! Ich kann alles tun, was ich möchte!! Niemand kann mich zu etwas zwingen!!!
Das Supergefühl: jedes Risiko zu vermeiden!!

vielleicht zu einem bestimmten »Anlaß«, etwa zu Feiertagen oder bestimmten Festen, ausgesprochen. Ein Pärchen verlobt sich, ein Haus wird eingeweiht, Weihnachten steht wieder vor der Tür, oder der Gastgeber oder die Gastgeberin hatten einfach einmal Lust, Freunde einzuladen und eine Party zu feiern.

Wenn Sie schriftlich eingeladen werden, dann wird man Sie sicher um eine Antwort bitten – vergessen Sie sie nicht! Wenn auf der Einladung bestimmte Kleidungswünsche vermerkt sind (Cocktailkleid, Straßenanzug o. ä.), dann sollten Sie das respektieren. Die Gastgeber haben sich einige Mühe damit gemacht, das Fest zu planen. Sie sollten nicht die einzigen sein, die sich in ein festliches Kleid bzw. in einen dunklen Anzug geworfen haben.

Wenn Sie nicht gleich an der Tür einen Bekannten treffen, dann müssen Sie zunächst einmal bei den Gastgebern haltmachen. Es ist Aufgabe des Gastgebers oder der Gastgeberin, Sie in Empfang zu nehmen, zu begrüßen und anderen vorzustellen. Gute Gastgeber sagen immer ein paar Worte über den Gast: Sie helfen dadurch, ein Gespräch in Gang zu bringen.

Wenn Sie nun einige Bekannte entdeckt oder einige neue Bekanntschaften geschlossen haben, dann vergessen Sie nicht, daß Sie ein wenig *umhergehen* sollten. Die Gastgeber haben Sie eingeladen, damit Sie auch einmal ihre anderen Freunde kennenlernen. Es ist unhöflich, sich ein Opfer zu suchen und sich den ganzen Abend mit ihm in eine stille Ecke zurückzuziehen.

Ein Tip für Gastgeber: Plazieren Sie das Essen und die Getränke an verschiedenen Stellen des Raumes; die

Gäste werden dann allein dadurch zum Weitergehen ermutigt.

Bei einer privaten Einladung zu einer Cocktailparty können Sie als Gast immer auf die Frage »Woher kennen Sie den Gastgeber?« als Einleitung zu einem Gespräch zurückgreifen.

Natürlich haben Sie auch vor dieser (privaten) Party das Haus nicht verlassen, ohne sich vorher gut mit Ihren Visitenkarten eingedeckt zu haben. Vielleicht begegnen Sie dem Kunden des Jahres, einem Menschen, der Ihr Freund werden könnte, oder jemandem, der Lust hätte, Ihrer Tochter Tennisunterricht zu geben.

Auch wenn Sie gar keine beruflichen Kontakte im Sinn haben, sondern – wer weiß? – vielleicht eine Romanze, können Sie sich doch durch Geschäftskarten oder Visitenkarten auf angenehmere Weise in Erinnerung bringen als durch eine weingetränkte oder senfbeschmierte Papierserviette. Möchten Sie, daß Ihre neue Beziehung so stillos beginnt?

Vergessen Sie nicht: Sagen Sie den Gastgebern, bevor Sie fortgehen, ein herzliches Dankeschön!

Die Geschäfts-Cocktailparty

Geschäftliche Cocktailparties können verschieden konzipiert sein:

1. Der Empfang ohne speziellen Gastgeber, der etwa vor der Jahreskonferenz der Vertreter eines bestimmten Berufsverbandes stattfindet.

2. Die Büroparty, auf der alles mögliche gefeiert werden kann, etwa der Firmengründungstag, ein Geburtstag oder ein Feiertag.

3. Das gesellige Beisammensein von Kollegen oder Geschäftspartnern, das häufig unter der Schirmherrschaft der Handelskammer oder einer ähnlichen Organisation steht.

Der Empfang ohne speziellen Gastgeber

Der Empfang ohne speziellen Gastgeber dauert gewöhnlich 45 Minuten bis zu einer Stunde, und er findet vor einem Geschäftsessen statt. Sie melden sich für den Empfang an, wenn Sie sich für das Essen anmelden; gewöhnlich gibt es irgendwo eine Bar, an der man sich zusammenfindet.

Während des Empfangs können die Teilnehmer alte Kontakte auffrischen und neue Leute treffen, die als Gäste mitgebracht worden sind. Vielleicht bringen Sie auch jemanden mit, der der Organisation oder dem Verband beitreten möchte. Sind Sie selbst Gast, so ist dies der beste Zeitpunkt, um etwas über die Organisation herauszufinden. Für Mitglieder und auch für Gäste ist dies eine wunderbare Gelegenheit, Kontakte zu pflegen.

Bisweilen gibt es ein Begrüßungskomitee. Die Mitglieder dieses Komitees sollten zumindest *eine* andere Person finden, mit der sie Sie bekannt machen können – danach sind Sie auf sich selbst angewiesen. Besinnen Sie sich darauf, was Sie gelernt haben, lächeln Sie herzlich, und nutzen Sie jetzt Ihre Fähigkeit, auf andere zuzugehen!

Auch bei diesen Anlässen gibt es viele gute Möglichkeiten, ein Gespräch anzuknüpfen. Wenn Sie Gast sind, können Sie Fragen stellen – etwa über die Organisation und über die verschiedenen Möglichkeiten, Mitglied zu werden. Sind Sie bereits Mitglied, dann ist dies ein guter Zeitpunkt, alte Kontakte wieder aufzuwärmen und neue Leute zu treffen, die in Ihrem Bereich arbeiten. Sie werden sicherlich auch einige der Gäste und der neuen Mitglieder kennenlernen und vielleicht dazu beitragen können, daß diese sich wohl fühlen.

Vergessen Sie nie: Es sind berufliche Gründe, weswegen Sie an diesem Empfang teilnehmen! Sie müssen deshalb zunächst einmal Ihren Verpflichtungen nachkommen, neue Geschäftskontakte knüpfen und alte pflegen und festigen. Wie gesagt: Solche Cocktailempfänge sind meist nur der Auftakt zu einem offiziellen Essen, das nach einem bestimmten Programm verläuft und auf dem auch Reden gehalten werden. Wenn also der Empfang vorbei ist, dann haben Sie immer noch Gelegenheit, bestimmte Leute zu sprechen.

Das Essen: Setzen Sie sich hin, sonst schaukelt das Boot!

Die erste Regel: Setzen Sie sich nicht zu Leuten, die Sie bereits kennen. Um alte Freundschaften zu pflegen, hätte man auch in die nächste Pizzeria gehen können. Dies ist eine wunderbare Gelegenheit, sieben bis neun *neue* Leute zu treffen, mit denen Sie wahrscheinlich bestimmte Interessen verbinden. Vertun Sie diese Chance nicht!

Stellen Sie sich der Gruppe am Tisch vor, und bitten Sie die anderen, dasselbe zu tun. Das erscheint Ihnen vielleicht reichlich forsch, aber es ist durchaus angebracht – und es könnte sehr viel dabei herauskommen. Derjenige, mit dem Sie ein wirklich fruchtbares Gespräch führen könnten, sitzt vielleicht an der anderen Seite des Tisches – und nicht direkt neben Ihnen. Gut, wenn Sie das wissen. Nach dem Essen ist vielleicht Zeit für einen intensiveren Austausch.

Gewöhnlich tragen Sie zu diesen Anlässen, außer bei besonderen Festen, genau das, was Sie auch ins Büro anziehen würden. Bei ganz besonderen Gelegenheiten könnte die Kleidungsfrage zu einem Problem werden. Vor einigen Jahren besuchte ich die Festtagsparty einer bestimmten Berufsorganisation. Ich trug ein modisches Kostüm, eine der anderen Frauen trug ein trägerloses Abendkleid. Offensichtlich war eine von uns beiden zu diesem Anlaß nicht richtig angezogen! Ich habe nie herausgefunden, wer. Im Zweifel einfach vorher fragen!

Die Büroparty

Bei der Büroparty dürfen Sie eines nicht vergessen: Dies ist der *Geschäfts- und Berufsbereich,* trotz einer förmlichen Einladung, Discorhythmen, Tanz und Bierkästen in der Kaffeeküche.

Wenn auch Kunden dabei sind, sind Sie, selbst als Angestellter, zugleich auch Gastgeber. Also: nicht zuviel Alkohol, angemessene Gesprächsthemen und keine schlüpfrigen Witze! Vergessen Sie nie die Verhaltensregeln, die im Geschäftsleben üblich sind, selbst wenn Ihre Mitarbeiter mit Lampenschirmen auf dem Kopf um den Computertisch hopsen. Das ist im Büro nur selten angebracht!

Auch die Weihnachtsfeier im Büro darf nicht in eine Orgie ausarten! Mir sind eine ganze Reihe von Geschichten über wüsten Alkoholkonsum (bis zur Übelkeit und zum Blackout!), intensive Flirts und heiße Küsse in der Besucherecke zu Ohren gekommen, die dann den Verlust der Beförderung oder sogar des Jobs zur Folge hatten. Auch diese Feier gehört zu Ihren beruflichen Verpflichtungen. Machen Sie, im Sinne des Festes, das Beste daraus, aber überschreiten Sie nicht die Grenzen der Vernunft und des guten Geschmacks.

Niemand erwartet, daß Sie stocksteif in der Ecke stehen. Dr. Luann Lindquist erzählt, wie sie einmal an einem Abendessen mit Tanz für das Personal eines Krankenhauses teilgenommen habe und beobachtete, daß einer der Männer nicht mit seiner Freundin tanzte. Sie war neugierig und fragte ihn, warum er nicht auch auf dem Tanzboden sei. Seine Antwort: »Diese Leute sind meine Kollegen, ich möchte kein Discotänzer-Image angehängt bekommen.«

Sicherlich sind eine heitere Stimmung und ein flottes Tänzchen bei einem solchen Anlaß durchaus angebracht. Dies ist eine gute Gelegenheit, die Kollegen einmal in einer entspannteren Atmosphäre kennenzulernen. Es ist vielleicht auch eine Gelegenheit, sich besonders denen zuzuwenden, die Ihnen geholfen, Ihnen Mut gemacht oder Sie unterstützt haben.

Übrigens sollten Ehegatten, die an Büroparties teilnehmen, als Einzelwesen und nicht als bloße Anhängsel eines Kollegen behandelt werden. Mitgebrachte Ehegatten sind meist dankbar, wenn man ein wenig mit ihnen plaudert – und zwar *nicht* nur übers Büro!

Geselliges Beisammensein – geschäftlich

Vielleicht bekommen Sie einmal eine Einladung zu einem zwanglosen Treffen nach Büroschluß. Ein solches Treffen gibt Ihnen Gelegenheit, sich wieder einmal zu zeigen und andere Geschäftsleute in Ihrer Stadt zu sehen.

Die Teilnehmer kommen gewöhnlich etwa einmal im Monat zusammen, und die Treffen sind für Mitglieder und ihre Gäste offen. Dies haben alle Teilnehmer gemeinsam:

1. Mitgliedschaft in der Organisation und
2. Gemeinsame Geschäftsinteressen.

Allein diese beiden Punkte bieten eine Fülle von Gesprächsanlässen!

Bestimmte Untersuchungen haben gezeigt, daß es leichter ist, sich an den Beruf eines Menschen als an seinen Namen zu erinnern. Wenn Geschäftsleute sich treffen, dann sprechen sie gewöhnlich miteinander über ihr Geschäft. Das ist kein Zufall. Wenn wir bestimmte Leute treffen, die aus derselben Branche kommen wie wir, so ist das eine der besten Gelegenheiten, um für uns selbst Werbung zu machen – wenn wir wissen, wie man das anstellt. Ich besuche immer regelmäßig die Meetings der

cathy
quack
quack quack quack quack quack quack quack quack quack quack
quack quack quack quack quack quack quack quack quack
Ich, ääh…
quack quack quack quack quack quack quack
…Nun, ja, Ich… muß… ääh… Ich
quack quack quack quack quack quack quack quack quack quack quack quack quack
Gefangen…
quack quack quack quack quack quack quack quack quack quack quack
…Wie eine Fliege, die auf dem Leim festsitzt.
quack quack quack quack quack quack quack quack quack quack
Zwanzig Leute, die ich treffen möchte, und ich kann nicht weg. Sie macht nicht einmal eine Atempause.
Lies doch bitte meine Körpersprache. Ich habe einen Kloß im Hals. Die Augen fallen mir aus dem Kopf. Mein Schädel brummt. Ich ersticke. Es würgt mich. Laß mich gehen. Laß mich entkommen. Laß mich sprechen. Gleich platze ich.
quack quack quack quack quack quack
…Und was meinst du dazu, Cathy?
AAAAAAAAAHH!!!
So, so. Das habe ich auch mal gedacht. Also dazu muß ich dir gleich eine Geschichte erzählen… quack…
Sie redet wie ein Wasserfall und steht wie angewurzelt. Unheil, nimm deinen Lauf…
quack quack quack

Handelskammer von San Francisco und bekomme bei dieser Gelegenheit viele gute neue Ideen. Oft habe ich bei diesen Anlässen Menschen kennengelernt, die mir liebe Freunde und oft auch geschätzte Berufskollegen geworden sind. Durch den regelmäßigen Besuch dieser Meetings bin ich sehr viel bekannter geworden als durch teure Werbekampagnen.

Das gesellige Beisammensein nach der Arbeit ist gewöhnlich nicht dazu da, um Verträge abzuschließen; es ist eine Gelegenheit, bei der Leute sich treffen, um sich besser kennenzulernen und vielleicht Gemeinsamkeiten zu entdecken. Ein wichtiger Aspekt ist auch die gegenseitige – vielleicht vor allem moralische! – Unterstützung. Kurz gesagt, es ist eine Gelegenheit, um Beziehungen herzustellen und zu pflegen.

Wen man kennt und mag und wem man vertraut, mit dem schließt man auch gern ein Geschäft ab. Wiederum sind die Kenntnis der Benimmregeln, liebenswürdiges Auftreten und Höflichkeit die Zaubermittel, um die Herzen seiner Mitmenschen zu gewinnen.

Gayle William, der Manager des *San Francisco Chamber of Commerce,* kommentiert: »Am meisten Erfolg bei solchen geschäftlichen Treffen hat die Frau oder der Mann mit den folgenden drei Charakteristika:

1. Er/sie *möchte* gern dabeisein
2. Er/sie ist darauf vorbereitet ... und hat beispielsweise seine/ihre Visitenkarten dabei
3. Er/sie weiß, *wen* er/sie eigentlich treffen möchte.

Wer besonders freundlich und liebenswürdig ist, profitiert am meisten. Mein Vater, Robert William, Geschäftsführer des *Westin St. Francis Hotel,* kommt immer, weil er selbst Spaß haben und zugleich auch seine Firma repräsentieren möchte. Und er behandelt *jeden* höflich und respektvoll!«

Für Sie selbst ist es wichtig, daß Sie sich über Ihre Absichten im klaren sind und sie zielstrebig verfolgen; für andere ist Ihre Ausstrahlung entscheidend: Wärme, Offenheit und Begeisterungsfähigkeit.

Die Wohltätigkeits- oder Spendenveranstaltung – Geld her oder …?

Eine andere Art von Cocktailparty oder Cocktailempfang ist die Wohltätigkeits- oder Spendenveranstaltung. Bei diesem Anlaß wird für ein bestimmtes Anliegen geworben oder um Spenden für eine bestimmte Wohlfahrts- oder kommunale Organisation gebeten.

Carl La Mell ist der Geschäftsführer der *Victor Neumann Association* und ist zu vielen dieser Anlässe eingeladen. Es ist im wesentlichen *seinen* Spendensammelaktionen zu verdanken, daß die finanzielle Basis der *Victor Neumann Association* von 500 000 Dollar auf 3,5 Millionen Dollar angewachsen ist. Er sagt: »Wenn ich einen harten Arbeitstag hinter mir habe, dann habe ich selten *Lust,* zu einer Cocktailparty oder zu einem Empfang zu gehen. Aber wenn ich dann einmal da bin, dann bin ich auch bereit, meine Verpflichtungen zu erfüllen *und* noch Spaß dabei zu haben.«

Wenn *wir* Spaß haben und uns wohl fühlen, dann wirkt unsere Ausstrahlung ansteckend auf andere. Diese anderen sind dann ebenfalls gern mit uns zusammen – und möchten mit uns ins Geschäft kommen.

La Mells Ratschlag, wie solche Parties für Sie zu einem Erfolg werden:

1. Überlegen Sie sich, *wen* Sie dort unbedingt treffen möchten.
2. Sprechen Sie nicht unbedingt über Geschäftliches. Knüpfen Sie zunächst den Kontakt, und vergewissern Sie sich, daß die entsprechenden Personen wissen, wer Sie sind.
3. Belegen Sie niemanden die ganze Zeit über mit Beschlag.
4. Wenn es angebracht ist, tauschen Sie Visitenkarten aus.
5. Gehen Sie den neu geknüpften Kontakten später weiter nach!

»Wenn Sie gut vorbereitet sind, dann können Sie sich wirklich entfalten und sich auf die Personen einstellen, die Sie eigentlich gerne treffen wollten«, sagt La Mell, »aber Sie dürfen *niemals* jemanden ignorieren. Jeder Teilnehmer dieser Party könnte Ihnen geschäftlich oder beruflich nützen – und sie müssen *jeden* mit Respekt behandeln.«

Das Kennedy-Charisma

Ich hatte Gelegenheit, den Kongreßabgeordneten Joseph Kennedy dabei zu beobachten, wie er bei einer Wahlversammlung die Herzen seiner Mitmenschen im Sturm eroberte. Es war ein Erlebnis!

Vor seiner Rede ging er zu jedem Tisch und sprach zu jedem einzelnen Teilnehmer. Er tat das nicht routinemäßig – er stellte wirklich mit jedem einzelnen *eine Verbindung* her. Er lächelte und blickte dem jeweiligen Teilnehmer in die Augen; er strahlte Wärme aus, *berührte* die Menschen und machte einen Scherz. Er fand für jeden ein paar Worte; er hörte gut zu, wenn der andere sprach – und reagierte entsprechend. Er lachte. Während wir uns unterhielten, widmete er mir seine volle Aufmerksamkeit. Ein Mensch mit Ausstrahlung ist immer er selbst. Sein Interesse, seine Wärme und sein Humor kommen von Herzen! Menschen durchschauen die Heuchelei, vor allem, wenn sie vom hellen Scheinwerferlicht angestrahlt wird. Joe Kennedys Charisma hat nichts mit auffällig gutem Aussehen zu tun. Es ist vielmehr darauf zurückzuführen, daß es ihm wirklich Freude macht, Menschen zu treffen und mit ihnen zu sprechen, daß er auf sie eingehen kann und daß er Wärme und Begeisterung bei seinen Mitmenschen zu wecken vermag.

Was können wir von diesem Mann lernen, der es schafft, seine Mitmenschen zu begeistern und für sich zu gewinnen? Über das hinaus, worum wir uns alle bemühen – Augenkontakt, Lächeln, eine Berührung, ein Händeschütteln, Humor, ein persönliches Wort mit jedem

Anwesenden, ein herzliches Lachen –, zeichnete ihn folgendes aus: *Man sah ihm an, daß er diesen Anlaß selbst am meisten genoß!* Der Kontakt mit Menschen schien ihm nicht lästig zu sein, sondern vielmehr ein Vergnügen. Uns selbst wird warm ums Herz, wenn wir einem anderen Menschen eine Freude bereiten können. Alle Teilnehmer dieser politischen Versammlung hatten an jenem Abend das Gefühl, daß sie Joe Kennedy durch ihre bloße Anwesenheit eine Freude bereitet hatten!

Wer es wirklich genießt, mit anderen Menschen zusammenzusein, braucht kaum darüber nachzudenken, wie man es anstellt, Kontakte zu knüpfen. Er tut unwillkürlich »das Richtige«, weil er möchte, daß sich die Menschen in seiner Umgebung wohl fühlen. Es gibt niemanden, der das nicht spürt.

Kurz und bündig

Die Cocktailparty – privat, beruflich oder als Spendensammelparty – ist eine hervorragende Gelegenheit, neue Freundschaften und neue Kontakte zu knüpfen. Vergessen Sie nie Ihre Geschäftskarten, Ihr Lächeln und Ihren Sinn für Humor. Machen Sie sich vorher klar, was Sie erreichen wollen, und *genießen* Sie den Kontakt mit anderen Menschen!

11

Die Wiedersehensfeier – Das große Zähneklappern?

Wußten Sie schon, daß vor Wiedersehensfeiern die Pfunde und Kilos gewöhnlich wegschmelzen wie Butter? Fragen Sie doch einmal jemanden, der an einer solchen Feier teilgenommen hat. Das Treffen meiner Klasse zum zwanzigsten Jahrestag der Schulentlassung hat bei mir zwei Reaktionen ausgelöst: Ich habe mir überlegt, ob es sinnvoll ist, hinzugehen – und dann drei Wochen lang gehungert. Warum sollte irgend jemand, der ohnehin sehr beschäftigt ist, mehrere Tage lang sein Geschäft und seine Wohnung verlassen, nur um eine Reise in die Vergangenheit anzutreten? Warum sollte jemand mit gesundem Menschenverstand 2000 Meilen fliegen, um seine Klassenkameraden aus der Oberstufe wiederzusehen? Schließlich siegten meine Gefühle von Neugierde, Geschäftsinteresse und warmer Sympathie für die »Kinder« von damals . . .

Das Treffen belohnte mich dann für jede Sekunde des Zitterns und Zagens. Ich amüsierte mich köstlich, sah in altvertraute, liebgewonnene Gesichter und – machte sogar einige gute Geschäfte.

Jedes unserer Fitneßprogramme ist genau auf den einzelnen Teilnehmer abgestimmt... Diese Dame will im August in weiße Stretchhosen, Größe 36, passen.
Oberschenkelgerät
COACH
© 1986 Universal Press Syndicate
Diese Dame wird der neuen Frau ihres Ex-Mannes bei einer Swimmingpoolparty begegnen.
Busengerät
COACH
Oberflächen-, Busen-, Po-, Taillen- und Armgerät
Olympische Spiele?
Nein, Klassentreffen!
7·23

Gehen Sie einfach hin!

Bei einem Klassentreffen oder einer anderen Wiedersehensfeier haben Sie es nicht mit fremden Menschen zu tun. Dies ist für viele von uns schon einmal beruhigend. Sie haben auf jeden Fall mit diesen Menschen etwas gemeinsam, beispielsweise etwa den guten alten Mathelehrer, bei dem Sie immer Fünfen schrieben.

Für andere ist genau dies der Haken. Die Einladung zur Wiedersehensfeier rührt vielleicht alte Gefühle von Schmerz und Unsicherheit auf. (Wer übrigens war mit siebzehn wirklich selbstsicher?) Ängste, daß wir im Vergleich mit anderen negativ abschneiden könnten, etwa in beruflicher, sozialer, privater und finanzieller Hinsicht, machen uns beklommen. Wohin so schnell mit den angefutterten Kilos, dem Alptraum aller Klassentreffenteilnehmer? Gloria Steinem erzählt die Geschichte ihres Klassentreffens: Beruflicher Erfolg, Eheglück, Kinder oder die Frage nach dem Sinn des Lebens schienen völlig nebensächlich. Das Wichtigste war anscheinend das *Gewicht*! Das erste, was jeder zu ihr sagte, war: »Du bist so *schlank*!«

Die bloße Vorstellung, freiwillig irgendwohin zu gehen, um die alten Zeiten zu beschwören, genügt, um uns den kalten Schweiß auf die Stirn zu treiben! Werden der Bierbauch und das schüttere Haar des ehemaligen Fußballhelden nicht alle unsere Illusionen zerstören? Wie können wir es verkraften, wenn wir entdecken müssen, daß die Königin des Schulfestes *rundliche Oberschenkel* hat?

Und die anderen – vielleicht haben sie sich schon monatelang darauf gefreut, in unserem Privatleben herumzuschnüffeln und auf allem, was nicht gerade perfekt ist, herumzuhacken!? Werden sie die Bankauszüge der letzten sechs Monate einsehen und alle Einzelheiten über jene erste mißglückte Verabredung nach Ihrer Scheidung erfahren wollen?

Wahrscheinlich nicht. Im Grunde möchten wir alle unsere alten Freunde und Kameraden ganz gerne einmal wiedersehen. Wer in den Nachkriegsjahren geboren wurde, hat beispielsweise inzwischen das reife mittlere Alter erreicht. Und trotz der vorausgegangenen Zitteranfälle und der wochenlangen Hungerkuren und »Trimm-Dich«-Übungen, trotz des mulmigen Gefühls, denjenigen wiederzusehen, mit dem Sie damals »fast zu weit gegangen« wären, haben die meisten Teilnehmer an solchen Wiedersehensfeiern schließlich viel Spaß und würden sie am liebsten morgen noch einmal wiederholen!

Am Ende gibt es Gott sei Dank kaum jemand, der es nicht schafft, seine Klassentreffenpanik zu überwinden. Schließlich hören wir auf, uns den Kopf zu zerbrechen, was um Gottes willen wir anziehen, wie viel wir wiegen, wie wir uns verhalten, was wir sagen sollen und – gehen einfach hin!

Judy Markey, Kolumnistin der *Chicago Tribune* und Autorin von *How to Survive Your High School Reunion And Other Mid-Life Crises* (Wie man das Klassentreffen und andere Krisen des mittleren Lebensalters überlebt), betont ebenfalls, daß es sinnvoll sei, sich ein Herz zu fassen und einfach hinzugehen. Mißmutige, schwierige Jugendliche entpuppen sich nämlich später oft als liebenswürdige, umgängliche Erwachsene. Vielleicht entdecken Sie beim Klassentreffen, daß in Ihren alten Kameraden ganz andere, wirklich faszinierende Persönlichkeiten stecken!

Außerdem: Jetzt, wo Sie wissen, wie man es anstellt, auf Menschen zuzugehen und mit ihnen zu kommunizieren, können Sie mit Leichtigkeit einige neue Freunde hinzugewinnen, mit denen Sie zugleich noch eine lange gemeinsame Geschichte verbindet.

Und schließlich entdecken Sie vielleicht, daß sich mit Ihrer früheren Banknachbarin ein wertvoller Geschäftskontakt knüpfen läßt.

Klassentreffen-Referenzen

Ich selbst habe an unserem Klassentreffen teilgenommen, um mit alten Freunden wieder Kontakt aufzunehmen und, offen gestanden, zu sehen, was aus den Kindern von damals geworden war. Aber zugleich betrachtete ich diesen Anlaß auch als eine Chance für mögliche Geschäftskontakte. Ergebnis: Auf meinem 1984er Klassentreffen schloß ich mit der Berufsvertretung der Fachärzte für Chirurgie einen Vertrag ab, im Jahre 1987 vor diesem Forum einen Vortrag zu halten.

Die Möglichkeiten, geschäftliche Kontakte zu knüpfen, sind nicht auf Ihre früheren Klassenkameraden beschränkt. Wenn Sie etwa in Ihre Heimatstadt reisen, dann überlegen Sie auch, welche anderen potentiellen Kontakte Sie dort knüpfen und erneuern können.

Natürlich habe ich auch zum Klassentreffen meine Geschäftskarten nicht vergessen. Auch wenn Sie nur private Kontakte pflegen wollen, ist es sehr viel besser, Karten auszutauschen, als Ihre Adresse oder Telefonnummer auf eine gebrauchte Serviette zu kritzeln. Natürlich sind Wiedersehensfeiern und Klassentreffen nicht der Ort, um die neueste und aggressivste Verkaufstaktik auszuprobieren, aber sie bieten in jedem Fall eine Chance, verlorengegangene Kontakte wieder aufzunehmen und zu pflegen – und wir alle machen lieber Geschäfte mit jemandem, den wir kennen, mögen und dem wir vertrauen.

Ich stellte mich darauf ein, Geschäftskontakte zu knüpfen und mich zu amüsieren – und beides gelang mir! Mit den Erinnerungen an die »gute alte Zeit« wurden alte Freundschaften erneuert – und hinzu kam die aufregende Perspektive neuer geschäftlicher Beziehungen.

Wenn Sie sowohl geschäftliche als auch persönliche Vorteile aus einer Wiedersehensfeier ziehen wollen, dann sollten Sie folgende Punkte beachten:

– Planen Sie, mit wem Sie besonders intensive Kontakte pflegen wollen – und halten Sie sich dann auch daran.

– Nehmen Sie schon vor der Feier mit einigen Leuten Kontakt auf, um Ihr Interesse an ihnen zu demonstrieren.

– Bereiten Sie eine optimistische, spannende und kurzgefaßte Selbstvorstellung vor, die etwas über Ihren Beruf oder Ihr Metier aussagt.

– Bitten Sie darum, daß Ihr Gesprächspartner Ihnen

einige Hinweise zu seiner Person gibt – und geben auch Sie ihm einige Hinweise zu sich selbst.

Lassen Sie Ihren Gesprächspartner wissen, was Sie tun – wenn es passend ist. Klassentreffen und andere Wiedersehensfeiern können eine wahre Goldmine für Geschäftskontakte sein, aber es ist sinnlos, jemanden mit einer unpassenden aggressiven »Verkaufspolitik« vor den Kopf zu stoßen. Hauptgrund für Ihre Teilnahme bleibt aber natürlich das Wiedersehen mit den netten »Kids« von damals . . .

Die Vorbereitungen: Eine Woche, um acht Kilo abzunehmen?

Stellen Sie sich *rechtzeitig* auf Ihre Wiedersehensfeier ein! Sie werden mehr als eine Woche brauchen, um jene 16 Pfund abzuspecken, die Sie sich in den letzten 20 Jahren angefuttert haben, und mehr als nur die paar Stunden an Ihrem Abreisetag, um sich vorzubereiten – körperlich, seelisch und im Hinblick auf Ihre geschäftlichen Absichten. Konzentrieren Sie sich in Ihrer Vorbereitung auf folgende Punkte:

– *Einstellung.* Nehmen Sie sich einfach vor, das Beste daraus zu machen und Spaß zu haben, und machen Sie sich nicht allzu viele Gedanken, was die anderen wohl von Ihnen denken mögen. Vergessen Sie nicht: Wer seine eigene Befangenheit überwinden möchte, braucht sich nur auf das Wohlbefinden der anderen zu konzentrieren. *Alle,* die an einer Wiedersehensfeier teilnehmen, haben vorher ein wenig gezittert.

Echtes Interesse an Ihren früheren Kameraden haben Sie wahrscheinlich ohnehin. Wen würde es nicht interessieren, was aus dem schönsten Mädchen der Schule geworden ist (sie hat gerade ihr fünftes Kind bekommen!), aus dem Klassensprecher (heute Jazzmusiker), aus der ewigen Streberin (eine bekannte Fernsehmoderatorin) oder aus dem ehemaligen Klassentrottel (inzwischen Computergenie und Multimillionär)?

Eine Freundin hat kürzlich an ihrem fünfundzwanzigsten Klassentreffen der Abiturklasse teilgenommen und fand sich plötzlich mit dem ehemaligen »Dickmops« in ein interessantes Gespräch verwickelt. Früher hatte er bei einer Größe von 1,60 m 86 kg gewogen, aber ein Vierteljahrhundert später war er auf 1,72 m »hochgeschossen« und – sah phantastisch aus. Sie betrachtete ihn voller Anerkennung und erwähnte, daß sich Menschen doch wirklich sehr verändern könnten. Der Kommentar, den er mit stolz geschwellter Brust von sich gab: »Ja, auf jeden Fall! Ich für mein Teil habe Testosteron entdeckt ...«

Halten Sie Ihre Augen und Ihr Herz offen. Menschen können sich im Laufe von 20 Jahren wunderbar weiterentwickeln; begegnen Sie ihnen deshalb ohne Vorurteile. Rainer wirft wahrscheinlich in den Vorstandssitzungen nicht mehr so wild mit Papierkügelchen herum wie damals im Geschichtsunterricht. Und auch Mona hat sich wahrscheinlich schon vor 19 Jahren geschworen, nie wieder bösartigen Klatsch zu verbreiten.

Übrigens: Sie brauchen niemandem etwas zu beweisen. Seien sie einfach Sie selbst, und genießen Sie die gute Gelegenheit.

– *Planen – und zugleich flexibel bleiben.* Überlegen Sie sich, mit wem Sie auf jeden Fall über Geschäftliches sprechen möchten, aber seien Sie zugleich auch für eine Überraschung offen. Das könnte eine geschäftliche Beziehung oder – eine Romanze sein. Sie können nie wissen, was Sie über Ihre alten Freunde und deren Interessen herausfinden werden.

Während ich mich zum Klassentreffen in Chicago aufhielt, ging ich bei *Marshall Fields* einkaufen – auch eine Art Wiedersehensfeier! Als ich der Verkäuferin den Grund für meinen Aufenthalt nannte, plauderte sie ein wenig über ihr eigenes Klassentreffen von Vierzigjährigen. Zwei Teilnehmer, ein Mann und eine Frau, hatten vor einiger Zeit ihren Ehepartner verloren. Nach zehn Monaten wohnten sie – als frisch verheiratetes Paar! – in einem schönen Haus in Miami!

Etwas, was Sie *nicht* tun dürfen: Beweisen Sie niemandem, wie sehr Sie sich verändert haben oder wie wahnsinnig erfolgreich Sie sind. Solche krampfhafte Suche nach Anerkennung ist wenig sympathisch – und bringt ohnehin keinen Spaß. Wer sich vergleicht und etwas beweisen möchte, urteilt über sich selbst und andere.

Konzentrieren Sie sich auf die Freude, die es bereiten wird, einmal unter ganz anderen Umständen mit den alten Kameraden zusammenzukommen ... und machen Sie sich keine Sorgen über das kleine Doppelkinn. Die meisten von uns (und ganz gewiß diejenigen, die reifer geworden sind) wissen, daß es nicht die Schale ist, die zählt, sondern der Kern.

– *Karten.* Ich sage es einfach noch einmal: Gehen Sie nicht aus dem Hause ohne Ihre Visitenkarten. Sie vermeiden dadurch nicht nur das Problem der weindurchtränkten Serviette, sondern ein Austausch von Karten kann auch dazu führen, daß man in schriftlichem oder mündlichem Kontakt bleibt und alte Freundschaften erneuert.

Basteln Sie weiter an Ihrer Adreßkartei, auch wenn Sie nur persönliche und freundschaftliche Kontakte geknüpft haben.

Gesunder Menschenverstand und guter Geschmack spielen wie immer eine wichtige Rolle. Shell Norris, ein Mann, der von Berufs wegen Klassentreffen organisiert, bemerkte auf einem solchen Treffen einen Teilnehmer, der »spät ankam, sich durch die Tische hindurchfädelte und dabei eine Handvoll Karten auf jeden dieser Tische niederregnen ließ«. Ob ein solches Vorgehen wohl wirklich neue Kontakte bringt?

Tips für Klassentreffen und Wiedersehensfeiern

1. *Apropos Ehegatten und andere männliche Partner:* Lassen Sie sie diesmal zu Hause! Fast alle Experten zum Thema Wiedersehensfeier meinen, daß Ehegatten besser nicht mitkommen sollten. Judy Markey prophezeit: »Der Partner wird dann zum klassischen fünften Rad am Wagen.«

Ich habe eben ganz bewußt nur die *männlichen Partner* genannt. Zwar gibt es keine Statistiken zu diesem Thema, aber es fällt immer wieder auf, daß die mitgebrachten Ehefrauen diese Ereignisse recht gut überstehen und sich in manchen Fällen sogar gut amüsieren, daß aber die mitgebrachten Ehemänner sichtlich leiden.

Möglicherweise sind sie es einfach nicht gewohnt, ihre Frauen im Zentrum der Aufmerksamkeit zu sehen. Vielleicht spielen sie grundsätzlich nicht gern die Rolle des »mitgebrachten Partners«, vielleicht sind auch die »Jungen« fasziniert, die »Mädchen« wiederzusehen, haben aber gar kein Bedürfnis, auch deren Ehemänner kennenzulernen. Wer weiß? Eins steht jedoch fest: Eine Frau, die Ihren Mann oder Partner zur Wiedersehensfeier mitbringt, könnte auf eine Katastrophe zusteuern. Wer Spaß haben will, sollte ihn besser zu Hause lassen!

Sicherlich gibt es auch Ausnahmen, aber sie sind selten. Mein Freund, der Restaurantbesitzer Rick Enos, amüsierte sich köstlich auf dem Klassentreffen seiner Frau, unter anderem, so sagt er, »weil ich kein schlechtes Gewissen zu haben brauchte, wenn ich einen Namen oder ein Gesicht vergessen hatte«.

2. *Lassen Sie auf keinen Fall Ihren Humor zu Hause!* Wer zudem noch *über sich selbst* lachen kann, hat bei allen gewonnen. Aber damals in der Oberstufe war niemand gern die Zielscheibe für Hänseleien und derbe Scherze – und wahrscheinlich ist das heute noch weniger der Fall. Wahrscheinlich war Eddy nicht besonders glücklich darüber, als alle Jungen behaupteten, daß er »einen Trippel-

schritt wie ein Mädchen« habe. Heute, da er Trainer seiner Fußballmannschaft geworden ist, mag er es schon gar nicht hören. Und Debby hat ihre Zahnklammern schon vor zwanzig Jahren abgelegt – also sollten wir das Thema ebenfalls ruhen lassen. (Selbst wenn es damals sehr lustig war, als sie Arthur beim Abschlußball auf den Mund küßte und die Spangen sich verhakten!)

3. *Sprechen Sie mit allen Anwesenden.* Die Vorlieben und Wertvorstellungen haben sich im Laufe von zwanzig Jahren gewandelt – und die Menschen auch. Gehen Sie von einem zum anderen, und plaudern Sie mit *allen.* Sie wissen nie, welche Schätze Sie entdecken werden. Der blöde Trottel von gestern könnte sich als der charmanteste Mann von heute ... und morgen erweisen.

4. *Tip für Ihre Zeitplanung.* Wenn Sie »nach Hause« reisen, zu einem Familien-, Klassen- oder sonstigen Treffen, dann planen Sie ein wenig Zeit ein, um mit anderen alten Freunden wieder Verbindung aufzunehmen.

Als ich nach Chicago fuhr, plante ich auch gleich einige separate Treffen mit meinen ehemaligen Kommilitonen aus dem College ein. Auf dem Flugplatz holte ich tief Luft und rief meinen ersten Freund, David Schutz, an, der heute als Rechtsanwalt in Chicago praktiziert. Ich hatte ihn seit achtzehn Jahren nicht gesehen oder gesprochen. Wer nichts wagt, gewinnt nicht! Was ich gewann, war ein treuer Freund und ein kluger Förderer und Ratgeber.

5. *Pflegen Sie die Kontakte weiter: Bleiben Sie am Ball.* Wiedersehensfeiern sind eine Gelegenheit, freundschaftliche und geschäftliche Beziehungen aufzubauen – allerdings nur, wenn Sie am Ball bleiben. Sie mögen sich zwar am kalten Büffet fasziniert unterhalten haben, wenn Sie aber den Kontakt nicht weiter pflegen, dann haben Sie eine Chance vertan!

Nehmen Sie sich ein paar Minuten Zeit, um den Leuten, mit denen der Kontakt besonders herzlich war, ein paar Zeilen zu schreiben. Lassen Sie sie wissen, wie sehr Sie sich gefreut haben, sie wiederzusehen. Wenn Sie noch einen Schritt weitergehen und die Beziehung wirklich auffrischen wollen, dann schlagen Sie vor, daß man einander schreiben und/oder sich treffen solle. Und wenn Sie Geschäftliches besprochen haben, dann schikken Sie Ihrem Gesprächspartner auf jeden Fall die versprochene Werbebroschüre und alle anderen Informationen, die ihm wichtig sein könnten.

Kurz und bündig

Klassentreffen und Wiedersehensfeiern sind eine gute Gelegenheit, einmal wieder mit alten Freunden zusammenzutreffen, alte Beziehungen wieder aufzufrischen, Spaß zu haben und eventuell einige geschäftliche Beziehungen aufzubauen. Planen Sie Ihre Reise rechtzeitig, treffen Sie Ihre Vorbereitungen, entspannen Sie sich, *genießen* Sie das Ereignis, und bleiben Sie am Ball.

Gehen Sie offen und ohne Vorurteile auf Ihre alten

Bekannten zu. Einige Ihrer Kameraden aus vergangenen Zeiten könnten vielleicht in Zukunft für Sie eine wichtige Rolle spielen – persönlich oder auch beruflich.

Amüsieren Sie sich, und denken Sie daran: Das Schönste geschieht meist dann, wenn man es gar nicht erwartet!

12

Eroberung der Messehalle: Einstellungen, die sich auszahlen

Messen und Ausstellungen sind *Ihre* Olympischen Spiele – das Ereignis, bei dem Sie Ihre Fähigkeiten unter Beweis stellen müssen. Über Messen und Ausstellungen könnte man, ähnlich wie über New York, sagen: Wenn Sie es dort schaffen, dann schaffen Sie es überall.

Auf Handelsmessen und Kongressen finden alle die Ereignisse statt, die wir gerade besprochen haben – Geschäftskonferenzen, Cocktailparties, Abendessen, Empfänge, Einzelbegegnungen und manchmal auch Wiedersehensfeiern – und das alles in einem Zeitraum von ein paar Tagen oder einer Woche.

Einige solcher Ereignisse werden als »ungezwungene Treffen« deklariert, aber machen Sie sich bitte nichts vor: Es geht hier ums Geschäft, und die Fähigkeit, auf Menschen zuzugehen und Kontakte zu knüpfen, ist in diesem Fall Gold bzw. harte DM wert.

Messen sind harte Arbeit! Fragen Sie nur jemanden, der an einem Messestand – stehend! – seine Firma repräsentiert! Oder jemanden, der viele, viele Kilometer Ausstellungsgelände abgelaufen ist. Die meisten Frauen würden mir beipflichten, wenn ich sage, daß die Schwierigkeiten, die diese Aktivitäten mit sich bringen, direkt proportional zu der Höhe Ihrer Absätze ansteigen.

Aber fassen Sie sich trotzdem ein Herz. Mit bequemen Schuhen und ein wenig Planung können Messen und Kongresse auch sehr viel Spaß bringen. Schließlich geht es dabei um den *Kontakt mit Menschen.*

»Ihre Kollegen und Freunde zu treffen ist der wichtigste Aspekt einer Messe«, sagt Tom Peters in *In Search of Excellence* und *A Passion for Excellence.*

Ob Sie nun eine Handelsmesse oder einen Kongreß als Aussteller, potentieller Käufer, Repräsentant des Kongreßhotels, Teilnehmer, Gast oder als mitgenommener Ehegatte besuchen: Es gibt bestimmte Strategien, die Ihnen dabei helfen, aus diesem Ereignis das Beste zu machen.

Vorbereitungen auf den Ansturm

Die meisten von uns möchten die Zeit (und das Geld), die der Besuch einer Messe sie kostet, sinnvoll nutzen. Erfolgreich sind wir, wenn wir das erreichen, weswegen wir gekommen sind: Das ist nicht nur für uns selbst, sondern auch für unsere Arbeitgeber sehr wichtig. Wer unseren Messebesuch finanziert, erwartet einen Erfolg. Und wenn wir selbständig sind und das Geld für die Konferenz, den Messestand, die Ausstellungsstücke, den Flug, die Kosten etc. aufgebracht haben, dann sollte *auf jeden Fall* etwas dabei herausspringen.

Mit den Vorbereitungen beginnen wir natürlich nicht erst dann, wenn das Flugzeug landet oder wenn wir zum ersten Mal einen Blick in die Ausstellungshalle werfen. Sicher ist es bequem, sich einfach nur treiben zu lassen – im Strom der Menschen und hin zu den vielen Konferenzen und Parties, an denen man teilnehmen muß. Es ist nicht ungewöhnlich, im Laufe eines Tages sechs bis acht Einladungen folgen oder an ebensovielen Konferenzen teilnehmen zu müssen – und das alles, bevor die abendlichen Cocktailparties, die Essen und die Empfänge überhaupt erst begonnen haben.

Ein amerikanisches Sprichwort sagt: »Wenn du nicht weißt, wohin du willst, wirst du wahrscheinlich irgendwo anders landen.«

Welche Rolle Sie bei einem bestimmten Ereignis auch spielen: Eine gute Vorbereitung ist wichtig. Sie sollten mit diesen Vorbereitungen schon lange bevor Sie ins Flugzeug steigen, beginnen. Jerry Westenhaver, der General Manager des *Regency Hotel* in Oakland, ist überzeugt, daß eine gute Planung Zeit und Geld spare. »Wenn ich die Messe für Nahrungsmittel und Getränke besuche oder an einem Treffen der Restaurantkettenbesitzer teilnehme, dann habe ich einen Plan, in dem meine allgemeine Zielrichtung und meine besonderen Ideen und Bedürfnisse deutlich festgelegt sind. Bei diesen Anlässen stürmen so viele Informationen und neue Eindrücke auf die Teilnehmer ein, daß man ohne einen Plan manchmal überhaupt nichts schafft.«

Chris Carr, der Direktor für Organisation und Planung bei der *American Automobile Association*, betont ebenfalls, wie wichtig es sei, einen Plan zu haben. »Die Teilnehmer, die meinen, eine Messe, ein Kongreß oder eine Konferenz würde ihnen etwas bringen, sind innerlich bereits hervorragend dafür gerüstet. Sie gehen mit der Absicht dorthin, für sich selbst Informationen zu sammeln, Produkte kennenzulernen und etwas über bestimmte Dienstleistungen zu erfahren, und sie haben einen Plan im Kopf. Hier bewahrheitet sich wieder einmal das alte amerikanische Sprichwort: ›Man bekommt immer so viel heraus, wie man hineingegeben hat.‹«

Messe- und Kongreßbesuche müssen in dreierlei Hinsicht geplant werden:

1. Die Planung für die Büroarbeit, die, während Sie fort sind, reibungslos weiterlaufen muß
2. Die Zeitplanung für den Anlaß selbst
3. Die Planung der »Nachbereitung«.

Verlassen Sie Ihr Haus nicht, ohne ...

1. *Für die, die zu Hause bleiben, gesorgt zu haben.*

Dann brauchen Sie neben Ihren Verpflichtungen und den vielen neuen Eindrücken sich nicht noch darüber Sorgen zu machen, was zu Hause geschieht – ob nun Ihre Post und Ihre Telefonanrufe beantwortet werden, ob jemand Ihren Termin beim Zahnarzt abgesagt hat und Ihre Kunden, Ihre Katze (und Ihre Kinder!) versorgt sind.

Machen Sie eine Liste der Dinge, für die Sie im Büro und zu Hause verantwortlich sind. Vielleicht müssen Sie bestimmte Aufgaben delegieren, bestimmte Termine umlegen und jemanden anweisen, wie Ihre Posteingänge und Telefonanrufe zu handhaben sind.

Zu Hause gehört zu Ihrer Vorbereitungsarbeit vielleicht, Leute zu organisieren, die Ihre Kinder zum Mittagessen einladen, jemanden zu finden, der die Birkenfeige gießt und den Kanarienvogel füttert, die Nachbarn zu informieren, daß Sie nicht da sind, festzulegen, welche Rechnungen unbedingt bezahlt werden müssen, die Zeitung abzubestellen, jemanden zu bitten, daß er Ihre Post hereinholen und das Antwortkärtchen für die Einladung ausfüllen möge, an der Sie nach Ihrer Rückkehr gern teilnehmen möchten.

Diese Vorbereitungen halten Ihnen nicht nur den Kopf frei, sondern sie bewahren Sie auch vor einem überwältigenden Chaos bei Ihrer Rückkehr.

2. *Planung*

Sie können eine Million Ablenkungen dadurch ausschalten, daß Sie Ihre eigenen Bedürfnisse und Ziele von vornherein genau definieren – und ebenso die Bedürfnisse anderer.

Erstens überlegen Sie: Wann, wo und um welche Uhrzeit findet das Ereignis statt, und welches sind die Unterkunftsmöglichkeiten? Die meisten Organisationen und Veranstalter lassen Ihnen von vornherein einen bestimmten Plan oder ein Programm zukommen, und manchmal finden Sie darin auch einen Plan der Ausstellungsräume. Wenn möglich sollten Sie Ihren Weg durch die Messehalle im voraus festlegen, so daß Sie den Leuten, die Ihnen wichtig sind, auch wirklich begegnen.

Sie sollten sich über die Kosten informieren. Bekommen Sie von Ihrer Firma einen Vorschuß für die Reise- und Aufenthaltskosten? Oder müssen Sie zunächst alles selbst bezahlen und später die Spesenrechnungen einreichen? Wenn Sie selbständig sind, dann müssen diese Ausgaben in Ihr Gesamtbudget eingeplant werden.

Zweitens müssen Sie ganz genau wissen, *warum* Sie diese Messe besuchen. Sind Sie gekommen, um sich über die neuesten Trends, Entwicklungen oder Produkte auf dem laufenden zu halten? Oder um Daten oder Informationen aus den Seminarveranstaltungen mit nach Hause zu nehmen? Müssen Sie einen Bericht verfassen? Wie detailliert sollte er sein? Betrachten Sie das Ereignis als eine Art Intensivkurs, um Ihre Kenntnisse, Ihr Wissen und Ihre Effektivität zu steigern? Diese Fragen müssen geklärt werden, bevor Sie abreisen.

Vor Beginn des Kongresses der amerikanischen Berufsvertretung professioneller Vortragsreisender und Sprecher, an der ich vor kurzem teilnahm, erzählte ich meinem Kollegen, dem Humoristen Larry Wilde, daß ich mir immer die Teilnehmerliste durchsähe und an einige dieser Teilnehmer, mit denen ich mich gern treffen wollte, schon im voraus schreiben würde.

Larry hatte noch eine weitere Idee: daß ich auch alle Fragen aufschreiben sollte, die meinem Beruf offenstehen, und auf die Leute zugehen sollte, von denen ich meinte, daß sie jene Fragen beantworten könnten. Diese Ratschläge waren Gold wert. Ich tat, was Larry vorgeschlagen hatte, und stellte fest, daß bei diesem Kongreß für mich persönlich sehr viel mehr herauskam.

Vielleicht nehmen Sie an einer bestimmten Konferenz vor allem deshalb teil, um Ihre Kontakte zu erweitern. Sie können übrigens auch bei informellen persönlichen Treffen sehr viel erreichen. Manchmal habe ich bei einem privaten Treffen mit einem Kollegen oder Mentor mehr gelernt als auf vielen Konferenzen und Seminaren.

Drittens planen Sie, was Sie anziehen wollen. Was Sie mitnehmen, hängt natürlich davon ab, wo und wann die Messe oder das Treffen stattfindet. Hören Sie sich den Wetterbericht an. Lesen Sie das Programm, um herauszufinden, ob Sie Kleidung für eine Konferenz, eine Grillparty, eine Swimmingpoolparty, eine Cocktailparty oder ein formelles Dinner – oder für alles zusammen! – mitnehmen müssen.

Schuhe sollten *ganz besonders bequem* sein. Wenn Ihre Hacken voller Blasen sind, dann ist auch Ihre Ausstrahlung lädiert! Besonders viel Spaß werden Sie dann übrigens auch nicht haben!

Und vergessen Sie nicht: Hier geht es ums Geschäft. Durchsichtige Kleider und aufreizende Miniröcke sind verboten! Ebenso ist es unangebracht, zu einer feierlichen Preisverleihung in Jeans zu kommen – jedenfalls meistens.

Viertens machen Sie sich von vornherein bewußt, welche Werte und Normen das entsprechende Industrieunternehmen, der Berufsverband oder die Firma, mit der Sie Kontakt aufnehmen, vertreten. Eine Handelsmesse für Jagdausrüstung und Gewehre wird sich atmosphärisch von einer Verkaufsmesse für erzieherisch wertvolles Kleinkindspielzeug erheblich unterscheiden. Sie werden jeweils sehr unterschiedliche Persönlichkeiten treffen, deshalb ist es sinnvoll, sich von der Welt, die man erobern möchte, von vornherein ein Bild zu machen.

Fünftens planen Sie Ihre Reise so, daß Sie vor Ihrem »Auftritt« ein wenig Zeit zur Entspannung haben. Vielleicht müssen Sie sogar Ihre Armbanduhr und Ihre innere Uhr umstellen. Wenn Sie an einer Konferenz um 14.30 Uhr teilnehmen wollen, dann nehmen Sie nicht gerade das Flugzeug, das um 14.00 Uhr auf dem Flughafen landet. Ersparen Sie sich Streß und Hetze, wann immer Sie können!

Patricia Fripp, eine Vortragsreisende, die jedes Jahr Hunderttausende von Kilometern zurücklegt, schwört auf das Thorndikesche Gesetz: Der Mensch neigt dazu, das Verhalten zu wiederholen, das belohnt wird. »Dies gilt besonders für Manager und das freie Unternehmertum«, betont sie. Fripp tut sich etwas Gutes, indem sie rechtzeitig am Flughafen ankommt und in der Wartezeit ihre Freunde anruft und ein Schwätzchen mit ihnen hält. So ist die zusätzliche Zeit nicht verloren, sondern kann auf angenehme Weise genutzt werden. »Ein einziges Mal kam ich in Bedrängnis: Als ich meine Schlüssel im Auto einschloß! Jetzt plane ich eine ›Katastrophenfrist‹ ein – für Zwischenfälle auf der Autobahn und lange Warteschlangen bei der Flughafenkontrolle.«

Da wir uns gerade mit dem Thema »Reisen« befassen: *Irgend etwas,* was Sie nicht vorhergesehen haben, tritt immer ein. Koffer, Kästen mit Ausstellungsmaterial und Flugzeuge fliegen oft in ganz entgegengesetzte Himmelsrichtungen. Henny Youngman hat mir folgende Geschichte erzählt: Beim Einchecken für einen Flug nach Des Moines bat der Reisende die Bodenstewardess: »Bitte, schicken Sie doch meinen roten Koffer nach Omaha, den blauen nach Newark und die Schachtel nach Miami.«

»Sir«, erwiderte die erstaunte Angestellte, »das geht leider nicht.«

»Warum nicht? Letzte Woche haben Sie es doch auch geschafft!«

Lustig? Vielleicht – wenn Sie nicht gerade der oder die Betroffene sind! Behalten Sie Ihr Handgepäck unbedingt bei sich ... bitte! Zumindest brauchen Sie eine Tasche mit einem Ersatzkleidungsstück und Unterwäsche, ihren Kosmetikartikeln und den wichtigsten Papieren.

Sechstens: Vergessen Sie nicht unsere Grundregeln. Stellen Sie sich positiv auf das Ereignis ein. Machen Sie sich klar, was Sie erreichen wollen und warum Sie überhaupt an dem Treffen oder an der Messe teilnehmen. Ein Plan ist immer sinnvoll! Schreiben Sie auf, wie Sie sich selbst vorstellen wollen, und überlegen Sie sich Gesprächsanfänge, die bei diesem Anlaß passend sein könnten.

3. Planen Sie die »Nachbereitung«.

Vergessen Sie nichts, was Sie brauchen, um Ausgaben zu notieren, sich Notizen zu machen, Vorträge mit dem Tonband aufzunehmen, Geschäftskarten zu sammeln und einzuordnen und weiterführende Informationen zu bekommen.

Vergessen Sie nicht Ihre eigenen Geschäftskarten und

die Broschüren und Informationsblätter Ihrer Firma. Ruthe Hirsch von *Hutter & Hirsch* hat erfahren, daß Industriemessen ein idealer Boden für Geschäftskontakte sind. »Ich war darauf eingestellt, den ganzen Tag an unserem Stand zu stehen und später an sämtlichen gesellschaftlichen Ereignissen teilzunehmen. Es war sehr anstrengend, aber es hat sich gelohnt«, versichert Hirsch.

»Die Kontakte, die man geknüpft hat, später weiterzuverfolgen – das ist das Entscheidende«, meint Chris Carr vom Amerikanischen Automobilclub, der dreißig bis fünfunddreißig Meetings pro Jahr plant und organisiert.

Schließen Sie sich selbst in Ihre Nachbereitungspläne mit ein. Die meisten Leute vergessen, für die Zeit, wenn sie wieder heimkommen, eine kurze Pause der Sammlung und Erholung einzuplanen. Für mich selbst habe ich entdeckt, daß eine solche Erholungspause wirklich unschätzbar wertvoll ist. Planen Sie ein wenig Zeit ein, um in Ruhe auszupacken, die Post zu sortieren, die Wäsche in die Maschine zu stopfen und sich zu entspannen, bevor Sie sich mit einem Kopfsprung in den Routinealltag zurückbegeben. Sie waren in einer vollkommen anderen Welt, haben wahrscheinlich unter sehr starker Anspannung gestanden und brauchen und verdienen jetzt einen kleinen Urlaub – auch wenn es nur ein einzelner Morgen oder Nachmittag sein sollte.

Der Messestand als Dukatenesel?

Die Stände auf Ausstellungen und Messen können sich als wahre Dukatenesel erweisen, ob Sie nun Käufer oder Verkäufer sind. Sinn eines Messestandes ist es, eine große Anzahl von Käufern und Verkäufern zu beiderseitigem Vorteil zusammenzuführen.

Allerdings brauchen Sie Konzentration und Durchhaltevermögen. Wer so viele Möglichkeiten hat und so viele Gesichter vor sich sieht, kann leicht sein Ziel aus den Augen verlieren. Es ist verführerisch, einfach mit irgend jemandem zu plaudern, der gerade da ist, und die Ausstellung als eine Art Nonstop-Party zu genießen, anstatt sich auf seine Ziele zu konzentrieren. Sinnvoller ist es jedoch, diese Ziele fortwährend im Auge zu behalten und sich gelegentlich kurze Pausen zu gönnen.

Nach den Untersuchungsergebnissen des amerikanischen Instituts für Messeorganisation, die im November 1985 in der Zeitschrift *Marketing Newsletter* veröffentlicht wurden, beabsichtigen 57% aller Besucher von Handelsmessen und Ausstellungen, im Laufe des folgenden Jahres eines oder mehrere der ausgestellten Produkte zu kaufen oder bestimmte Dienstleistungen in Anspruch zu nehmen. Das Mitteilungsblatt berichtet darüber hinaus, daß oft ein einziges Nachbereitungs-Telefongespräch genüge, um einen Kaufvertrag, der auf der Messe vorbereitet wurde, abzuschließen – im Gegensatz zu fünf Anrufen, die sonst für einen Verkauf geführt werden. Warum? »Weil ungefähr 80% der Teilnehmer Manager sind und selbständig Verkaufsentscheidungen treffen können.«

Allerdings ist die Sache nicht ganz so einfach. Bevor Sie teilnehmen, müssen Sie Ihre Marketingstrategie sorgfältig planen. Nach Aussage von Howard Feiertag, Seniorvizepräsident von *Royce Resorts,* hilft ein sorgfältig und umfassend ausgearbeiteter Marketingplan, die entsprechenden Märkte auf dieser Handelsmesse zu erobern. In jenem Plan müssen auch die Vorgehensweisen und die Ziele festgelegt werden, und zwar im Hinblick auf die Zahl der Möglichkeiten und der Personen, die anzusprechen sind.

Für Aussteller und Besucher ist die Messe eine Chance, bestimmte Produkte und Dienstleistungen gründlich kennenzulernen und zu beurteilen. Sie bietet zudem die Möglichkeit, Informationen zu sammeln, sich auf dem laufenden zu halten und – lange Telefongespräche und Wartezeiten zu vermeiden, weil Informationen sofort ausgetauscht werden können.

Erfolg am Messestand

Wer an einem Messestand steht, muß seine Rolle sehr gut geübt haben. Er muß über das Produkt oder die Dienstleistung, die er verkauft, ebenso Bescheid wissen wie über die Marktsituation und darüber, wie man vorgeht, um auf einer Messe gute Geschäfte zu machen.

Wenn Sie nur über Ihr Produkt Bescheid wissen und sich nicht die Mühe gemacht haben, auch etwas über die potentiellen Käufer, die Messebesucher, herauszufinden, dann gehen Ihnen wahrscheinlich Aufträge verloren!

Gute Vorbereitung macht sich bezahlt. Sie schafft Verbindungen, Befriedigung, Verkaufsabschlüsse und Wohlbefinden für jeden Teilnehmer.

Die drei E

Wer sich hinter einen Messestand stellt, sollte mit den drei E ausgestattet sein: Einsatzbereitschaft, Energie und Enthusiasmus!

Ein Tip für den eigenen Messestand: Ihre Repräsentanten sollten kleine Informationen parat haben, mit denen sich leicht ein Gespräch anknüpfen läßt. Da viele, die an dieser Messe oder diesem Kongreß teilnehmen, ein Namensschild tragen, könnten die Repräsentanten am Messestand etwas über die Firma, die vom potentiellen Kunden vertreten wird, erfragen oder selbst etwas zu jener Firma bemerken. Und sie sollten bei den Antworten gut zuhören!

»Kann ich Ihnen helfen?« ist *keine* gute Einleitungsfrage für den Aussteller. Dem potentiellen Kunden bleibt dann fast nichts anderes übrig, als zu erwidern: »Nein danke, ich möchte mich nur umschauen.« Diese Antwort schneidet das Gespräch fürs erste einmal ab; alles, was der Aussteller hinterher noch anbringt, könnte der Besucher als aufdringlich interpretieren.

»Kann ich Ihnen helfen?« sollte man eigentlich nur im Bonbonladen fragen – wo die Käufer ohnehin zum Kauf entschlossen sind. Wer zwischen Karamelbrocken, Kokosflocken, Nuß-Nougat-Pralinen und Pfefferminztalern wählen muß, ist sicher froh, wenn eine freundliche Verkäuferin herbeieilt, um ihm weiterzuhelfen!

Bei anderer Gelegenheit jedoch, und vor allem am Messestand, können ein freundliches Lächeln, eine positive Ausstrahlung, vielleicht ein Händedruck und eine kurze (wohlgeübte) Vorstellung den anfänglichen Kontakt erleichtern und effektiver machen.

Wie soll der Messestand aussehen?

Der Aufbau und das Aussehen des Messestandes sind ebenfalls wichtig. Ihr Stand sollte ein Blickfang sein. Westenhaver meint, daß ein bestimmter Trick oder ein lustiger Einfall manchmal Wunder wirkt. »Bei der letzten Verkaufsmesse hatten wir eine Schuhputzkabine eingerichtet. Während unsere Verkaufsmanager Schuhe wienerten, hatten sie zwei oder drei Minuten Zeit, um sich mit potentiellen Kunden zu unterhalten. Auf diese Weise knüpften wir Kontakte – und wir hatten auch noch Spaß dabei!«

Nancy Shina, Geschäftsführerin eines Möbelhauses, hat eine sehr interessante Beobachtung gemacht. Sie glaubt, daß viele Verkaufsstände wie Barrieren wirken: »Da ein Tisch oder Tresen zwischen Käufer und Verkäufer für den Käufer unbewußt einschüchternd wirken kann, haben wir unseren fast zwei Meter langen Tresen zur Seite gerückt und damit auch die Schranke entfernt. Ergebnis war, daß sehr viel mehr Leute in unseren Stand hereinströmten.«

Mit ungewöhnlichen und originellen Einfällen kann man Menschen anlocken. Dick Staff, Manager des Moscone-Kongreßzentrums in San Francisco, sagt: »Da wir San Francisco als die gastfreundlichste Stadt Amerikas darstellen möchten, ist unser Ausstellungsstand ein vierzig Quadratmeter großes Wohnzimmer, in dem ein Pianist leise Musik spielt. Unsere Repräsentanten verstehen es hervorragend, Kontakte zu knüpfen und die Dienstleistungen, die wir anbieten, anschaulich zu erläutern.«

Haben Sie Ihre Rolle gelernt?

Joe Jeff Goldblatt ist Eigentümer der *Wonder Company,* die Feste und Ereignisse, Kongresse und Konferenzen von großen Unternehmen organisiert. Er meint, Handelsmessen ähnelten einer Theateraufführung, bei der Sie als Schauspieler den Text, den Handlungsablauf, die Inszenierung und den richtigen Moment für Ihren Auftritt kennen müssen. Der Text oder das Drehbuch sind die Informationen, die Sie weitergeben oder erhalten. Die Inszenierung ist ebenfalls wichtig; dies sind auch die Verabredungen, die man *vor* dem Ereignis getroffen hat. Und schließlich die Choreographie: Sie müssen wissen, wann Sie wohin gehen müssen. Wer nicht gerade dann auftaucht, wenn das größte Gedrängel herrscht, oder wer zu einem Kongreß sehr früh eintrifft, der hat zusätzliche Chancen, mit wichtigen Geschäftspartnern oder Kollegen ins Gespräch zu kommen.

Der Marathonlauf

Wer sich einen Überblick über die Fülle der Angebote verschaffen möchte, der sollte in Hochform sein. Hier sind einige Tips, wie Sie Energie sparen und wirklich *strahlen* können, wenn Sie auf andere Aussteller und Repräsentanten zugehen:

– Zeichnen Sie sich schon im voraus einen Weg ein, damit Sie sicher sein können, daß Sie die Leute, die Sie treffen wollen, auch wirklich treffen.

– Versuchen Sie nicht, allzuviel an einem Tag zu erledigen; dann sind Sie am letzten Stand so erschöpft wie ein Marathonläufer.

– Machen Sie eine Liste der Leute, die Sie sehen, und der Dinge, die Sie tun möchten – und tragen Sie diese Liste bei sich.

– Vergessen Sie nicht einen kleinen Notizblock, auf dem Sie sich bestimmte Informationen und Ideen notieren.

– Hamstern Sie nicht *alle* Broschüren, Werbegeschenke oder Werbezettel! Sie möchten schließlich nicht eine Last von 25 Kilo oder mehr schleppen, wenn Sie am Ende Ihres Rundgangs angekommen sind.

– Achten Sie auf bekömmliches, gesundes Essen und Ihre täglichen Fitnessübungen. Wer jeden Arbeitstag mit einer Joggingrunde beginnt, wird wahrscheinlich etwas vermissen, wenn dieser Frühsport plötzlich ausfällt. Bei einigen mehrtägigen Konferenzen sind morgendliche Rundläufe für Jogger vorgesehen – übrigens eine gute Gelegenheit, bestimmten Teilnehmern ganz zwanglos zu begegnen. In vielen Konferenzhotels gibt es Saunen und Gymnastikräume, bisweilen sind auch Tennisplätze vorhanden. Sie sollten so essen und trinken, daß Sie sich wohl und fit fühlen: Wer etwa ein reichhaltiges Frühstück braucht, sollte es sich auch gönnen. Morgenmuffel können sich ein Tablett aufs Zimmer bringen lassen. Sorgen Sie gut für sich selbst! Es ist sehr wichtig, daß Ihr persönlicher Rhythmus nicht gestört wird.

Messekontakte

Nicht immer ist es der Messestand, an dem die Geschäfte gemacht werden. Kontakte und »persönliche« Beziehungen spielen wie immer eine entscheidende Rolle. Ich habe »persönlich« in Anführungsstriche gesetzt, weil Sie auf einer Messe oder Ausstellung *arbeiten*. Aber das heißt nicht, daß Sie sich nicht amüsieren, neue Leute kennenlernen, alte Kontakte auffrischen und neue knüpfen können.

»Ich glaube, es ist wichtig, Menschen zu mögen«, sagt Kris Harp, Verkaufsmanager für das Kongreß- und Besucherbüro von Oakland. »Ich betrachte Messen als eine Gelegenheit, Menschen kennenzulernen und wiederzutreffen, den Bedarf festzustellen und vor allem, persönliche Kontakte herzustellen, die dann die Grundlage für gute und dauerhafte Arbeitsbeziehungen werden können.«

Messen und Kongresse sind ein wunderbares Forum, Ihre Kontaktbasis zu erweitern. Geben Sie sich einen

Ruck, und setzen Sie sich einmal zum Mittag- und Abendessen mit Leuten zusammen, die Sie nicht kennen. Ergreifen Sie die Initiative, und stellen Sie sich den Leuten vor, die mit Ihnen am Tisch sitzen. Bitten Sie diese Leute, dasselbe zu tun – ganz so, wie Sie es vielleicht beim Abendessen Ihres örtlichen Berufsverbandes auch tun würden. Carl La Mell von der *Victor Neumann Association* tat genau das und stieß dabei auf einen Mann, der ihm seine Karte zeigte und La Mell bat, ihn anzurufen, fall er seine Dienste brauchte. Acht Monate später gelang es jenem Mann, für La Mell einen Kredit von 450 000 Dollar lockerzumachen, so daß dessen Gesellschaft ihr neues Bürogebäude kaufen konnte.

Der »gesellige« Aspekt einer Handelsmesse oder eines Kongresses kann übrigens sehr amüsant und vergnüglich sein!

Versuchungen – der Flirt und die Flasche

Ich möchte Sie warnen: Die Verabredung, die Sie auf einer Handelsmesse treffen, ist nicht ganz unproblematisch. Durch Mißverständnisse können Sie in peinliche Situationen geraten. Sie müssen wissen, welche verbalen und nonverbalen Botschaften Sie aussenden. Sie müssen sich darüber im klaren sein, was Sie wollen. Ihr Chef hat Sie zur Messe oder zum Kongreß als Repräsentant der Firma geschickt. Was wäre, wenn man ihm – oder den anderen Kollegen im Büro – bestimmte Geschichten zutrüge? Wie würden die Kollegen das aufnehmen? Natürlich haben Sie auch ein Recht auf Ihr Privatleben. Aber auf einer Messe oder einem Kongreß sind Sie vor allem Repräsentant und Angestellter der Firma.

Alkohol kann sich ebenfalls als ein wahres Gift für Geschäftsbeziehungen erweisen. Allzu lockeres Benehmen stößt den potentiellen Kunden sehr häufig vor den Kopf und kann bedeuten, daß Sie diesen Kunden – oder sogar Ihren Job! – verlieren. Sie müssen wissen, wo Ihre Grenze liegt. Niemand erwartet, daß Sie als Dame zur Cocktailstunde mit dem Repräsentanten einer Schnapsfabrik »mithalten« können. Tun Sie es lieber nicht! Wer am nächsten Morgen mit dicken Augen und einem Brummschädel auftaucht, hat keine besonders positive Ausstrahlung.

Wer an Kongressen teilnimmt, muß konzentriert zuhören, die Inhalte erfassen und entsprechende Informationen angemessen weitergeben können. Wer drei oder vier Cocktails getrunken hat, wird wahrscheinlich eher an einem Nickerchen als am Referat des Vorstandsvorsitzenden interessiert sein.

Einer meiner Bekannten, ein Geschäftsmann, hat für seine Angestellten folgende Regel aufgestellt: Keiner seiner Verkäufer darf vor 6 Uhr abends Alkohol trinken – und *zwei* Drinks sind die äußerste Grenze. Er selbst dagegen stellt sich gerne morgens um 10 Uhr an die Bar und trinkt einen Orangensaft »on the rocks«. Er spendiert jedermann bereitwillig eine »Bloody Mary« oder ein Glas Sekt, ist ein äußerst sympathischer Gesprächspartner und hört sehr genau zu, was erzählt wird. Am Ende des Tages hat er viele Geheimnisse erfahren – vor allem über seine Konkurrenten und über die neuesten Entwicklungen. Da er aber selbst so nüchtern bleibt wie ein Anonymer Alkoholiker, gibt er nur so viel preis, wie er wirklich will!

Lassen Sie sich von Ihrem gesunden Menschenverstand leiten. Nehmen Sie an den Konferenzen teil, erweitern Sie Ihr Wissen, knüpfen Sie persönliche und berufliche Kontakte, und sichern Sie sich neue Kunden. Machen Sie sich Notizen, und beschaffen Sie sich wichtige Informationen, besuchen Sie die Ausstellungshalle, und analysieren Sie die angebotenen Produkte, damit Sie Ihrem Chef darüber berichten können. *Dann* erst entscheiden Sie sich, was Sie zu Ihrer Erholung tun wollen.

Natürlich dürfen Sie Spaß haben. Ein Kongreß sieht meist *sowohl* ein Arbeits- *als auch* ein Vergnügungsprogramm vor. Seien Sie kein Langweiler, aber erinnern Sie sich daran, daß ein Kongreß keine Nonstop-Party ist – die dann mit einem höchst unangenehmen Gespräch im Büro des Vorgesetzten beendet werden könnte.

Wie immer wirkt es auch auf Messen und Kongressen Wunder, seinen Charme und seinen Sinn für Humor zu bewahren, ohne die Perspektiven und Ziele eines solchen Treffens aus dem Auge zu verlieren.

Ehegatten – Wer möchte denn immer im Schlepptau hängen?

Es ist nicht leicht, an einer Konferenz, einem Empfang oder einer ähnlichen Veranstaltung nur als »Anhängsel« teilzunehmen. Wer nicht gerade mit einem Überschuß an Courage und Charme gesegnet ist, wird sich wahrscheinlich langweilen.

Es war einmal eine Hausfrau und Mutter, die ihren Ehemann auf alle Kongresse begleitete . . .

Das klingt inzwischen fast wie ein Märchen. Heute sind ungefähr 45% der Ehefrauen, die als Begleiterinnen zu einer Konferenz mitkommen, selbst berufstätig. Auf einer Ärztekonferenz in San Francisco, die kürzlich stattgefunden hat, waren 10% der Teilnehmer, die das »Programm für begleitende Ehepartner« mitmachten, Männer.

Joyce Siegel hat mehr als 40 Jahre lang an medizinischen Konferenzen teilgenommen und konnte deutliche Veränderungen feststellen. »Immer häufiger können wir aus den Namensschildern schließen, daß die *Frau* die Eingeladene ist und ihren Ehemann als Begleiter mitgenommen hat. Auch die Begleitprogramme für mitgenommene Partner haben sich geändert. Ikebana-Kurse sind inzwischen durch Referate zum Thema ›Steuerprobleme‹ und ›Zeitmanagement‹ ersetzt worden.«

Eines müssen Sie sich rechtzeitig überlegen: Ein muffiger und schmollender Ehepartner im Hintergrund ist ein wahrer Klotz am Bein. Solche Ehepartner täten besser daran, zu Hause zu bleiben und die Dinge zu tun, die sie wirklich gerne tun möchten.

Eine Messe-Eroberung

Ich weiß aus Erfahrung, wie aufregend es sein kann, wenn das eigene Buch veröffentlicht wird.

Meine Freundin Jean Miller, eine frühere Bibliothekarin, wußte, daß ich an einem Manuskript arbeite. Als die Buchmesse in San Francisco stattfand, schlug sie vor, daß ich sie auch besuchen sollte, da jeder Verleger und jeder Verlag des Landes, sei er nun groß oder klein, dort sein würde. Jean versprach, mich zu begleiten.

Als der große Tag gekommen war, hatte ich Grippe. Ich fühlte mich sterbenselend. Der bloße Gedanke, mich anzuziehen, meine Unterlagen zusammenzustellen, zum *Moscone Center* zu fahren und an kilometerlangen Reihen von Ausstellungsständen vorbeilaufen zu müssen, verursachte mir Schwindel. Woher sollte ich die Energie nehmen, auf Leute zuzugehen, mich mit ihnen zu unterhalten und vielleicht sogar noch ihr Interesse an meinem Buch zu wecken?

Ich sagte Jean, daß ich nicht in der Lage sei zu gehen. Sie war sehr teilnahmsvoll, hielt mir jedoch entgegen, daß diese Messe eine wirkliche Chance sei. Schließlich gelang es ihr, mich mit meinen eigenen Argumenten zu überzeugen. Also ging ich hin.

Als wir durch die Ausstellungshallen schlenderten, entdeckte Jean den Stand des Verlagshauses *Shapolsky*

Publishers. Sie drängte mich, Ian Shapolsky anzusprechen. Ich faßte mir ein Herz und stellte in einem Gespräch den ersten Kontakt her. Ich schickte ihm die Gliederung und den ersten Entwurf meines Buches, und er setzte sich mit meinem Agenten in Verbindung.

Meine kleine Geschichte demonstriert, wie ertragreich es sein kann, eine Messe zu besuchen – und auch, wie wichtig und angenehm es ist, Unterstützung und Hilfe zu bekommen. Jean hat mir nicht nur die richtige Richtung – und dies ganz wörtlich genommen! – gewiesen; sie hat mich auch sanft zu meinen Zielen geleitet, auch wenn ich mich selbst lieber unter der Bettdecke verkrochen hätte.

Kurz und bündig

Die Handelsmesse bietet Ihnen eine ganz besondere Chance, Ihre Kontaktbasis zu verbreitern, Produkte zu kaufen und zu verkaufen und mit faszinierenden Menschen zusammenzutreffen. Wo sonst bietet sich Ihnen eine solche Fülle von Möglichkeiten? Die Handelsmesse kann für Sie zu einem Marathonlauf der Erfolge werden!

Um das Beste daraus machen zu können und sich nicht von den Ereignissen überrollen zu lassen, sollten Sie im voraus planen:

1. Wie das Büro in Ihrer Abwesenheit reibungslos funktioniert
2. Welche Ziele Sie auf der Messe oder dem Kongreß anstreben und welche Arbeit Sie erledigen wollen

3. Was *nach* der Messe getan werden muß.

Wer an einem Messestand steht oder eine Messe besucht, muß auf Menschen zugehen und Kontakte knüpfen können. Sie sind dort noch mehr gefordert als in Ihrem Arbeitsalltag. Nehmen Sie die Herausforderung an, ergreifen Sie die goldene Chance – und *genießen Sie sie*!

13

Wie man die Welt erobert: Züge, Schiffe, Flugzeuge etc.

Wer auf andere Menschen zugehen kann, erreicht mehr und hat mehr Freude am Leben. Sie haben jetzt einige gute Hilfsmittel an der Hand, und Ihre Kenntnisse und Ihre neu erworbene Geschicklichkeit tragen vielleicht schon die ersten Früchte. Warum sollten Sie Ihre Fähigkeit, auf andere zuzugehen und Sympathien zu gewinnen, auf Konferenzen beschränken oder auf Messen, Cocktailparties, Geschäftsessen und bestimmte gesellschaftliche Anlässe?

Warum sollten Sie nicht *jede* Situation nutzen, um die Herzen anderer Menschen zu gewinnen – und zwar überall auf der Welt? Das »Schlimmste«, was passieren könnte, wäre, daß Sie Ihr Leben intensiver genießen, vielleicht neue Freunde hinzugewinnen und Ihren geschäftlichen Erfolg steigern.

Das Füllhorn der Kontakte

Wo können Sie Ihre Kontaktfähigkeit ausprobieren? *Überall!* Zum Beispiel:

- Im Flugzeug
- Auf dem Golfplatz
- Im Schwimmbad
- An der Bowlingbahn
- Auf den Tribünenplätzen des Sportstadions
- Im Nachtclub oder Theater
- Auf Ihrem Joggingweg
- Im Supermarkt
- Im Warenhaus
- Im Fahrradgeschäft
- An der Bar des Japanrestaurants
- In der Bank
- Überall, wo Sie hingehen.

Wahrscheinlich *nehmen* Sie es sich meist nicht *vor*, neue Kontakte zu knüpfen, aber solange Sie in der Warteschlange am Supermarkt stehen, könnten Sie doch ebensogut ein Schwätzchen halten? Werden Sie bei dieser Gelegenheit einen tollen Geschäftsabschluß in die Wege leiten? Wahrscheinlich nicht, aber wer weiß? Aber das ist nicht das Entscheidende. Entscheidend ist vielmehr, die Chancen zu ergreifen, die das Füllhorn des Lebens vor Ihnen ausschüttet! Sie können nie wissen, wer oder was Ihnen im nächsten Moment begegnet.

Natürlich müssen Sie ein wenig Vorsicht walten lassen. Es gibt bestimmte Stadtteile, in denen Sie wahrscheinlich nicht unbedingt Kontakte knüpfen möchten – vor allem nicht bei Nacht. Aber was könnte es schaden, mit dem Verkäufer in der Elektroabteilung ein kleines Schwätzchen zu halten? Vielleicht finden Sie dabei endlich heraus, wie Sie die Antenne stellen müssen, damit das Fernsehbild nicht immer zu laufen anfängt!

Zufällige Begegnungen

Flugzeuge sind wie dafür geschaffen, interessante Menschen kennenzulernen. Ein zusätzlicher Vorteil des Flugzeugs: Ihr Gesprächspartner kann Ihnen nicht davonlaufen! In einem Flugzeug von San Francisco nach Los Angeles traf ich einen Menschen, der in meinem Leben eine ganz entscheidende Rolle spielte: Frater Larry Lorenzoni. Wir verbrachten eine ganze Stunde damit, zu plaudern, zu lachen und über Artikel und Bücher zu diskutieren, die wir veröffentlicht hatten – und das Ganze noch in höheren Sphären! Hätte ich nicht den Mut gehabt, ihn anzusprechen, dann hätte ich ihn wahrscheinlich niemals kennengelernt.

Eine Ehe, die im Himmel geschlossen wurde

Clare Revelli, Modeschöpferin und Autorin des Bestsellers *Color and You* saß nach einer sehr anstrengenden Geschäftsreise nach New York gerade im Flugzeug, das Sie zurück nach San Francisco bringen sollte. An dem

Tag aber waren im ganzen Osten der USA die Flughäfen geschlossen: 40000 Weihnachtsurlauber saßen in O'Hare fest. Clare mußte in ein anderes Flugzeug umsteigen und ihren Platz in der ersten Klasse einnehmen. Die Zustände waren chaotisch und die Stimmung hysterisch angespannt. Erwachsene Männer hatten sich in den Toiletten versteckt, um noch rechtzeitig zum Weihnachtsfest bei der Familie zu sein. Die Passagiere drängelten und schrien durcheinander. Kurz bevor die Gangway eingeholt wurde, hastete noch ein Mann hinauf; die Stewardess rief ihm zu, er solle sich einfach irgendwo hinsetzen. Er sah sich um und ließ sich auf dem leeren Platz neben Clare nieder.

»Er begrüßte mich mit einem warmen Lächeln – und plötzlich schlug mein Herz höher. Mitten in Lärm und Chaos strahlte er Ruhe und Gelassenheit aus. Die folgenden viereinhalb Stunden waren einfach himmlisch; wir beschlossen deshalb, noch ein paar Stunden und Tage dranzuhängen. Ungefähr ein Jahr später wurde ich Mrs. Schieldt; ich bin überzeugt, daß unsere Ehe im Himmel (oder doch zumindest in höheren Regionen) geschlossen wurde!«

Nicht jeder hat soviel Glück wie Clare. Bisweilen möchte ein Sitznachbar oder eine Sitznachbarin lieber die Zeit in Gedanken oder in ein gutes Buch vertieft verbringen. Sie müssen natürlich beobachten, ob jemand besonders beschäftigt oder in seine eigenen Gedanken versunken ist – und sich dann entsprechend zurückhalten!

Für Mr. und Mrs. Unsympathisch werden die Möglichkeiten, Kontakte zu knüpfen, wahrscheinlich recht beschränkt sein. Aufdringlichkeit, übertriebene und unechte Freundlichkeit und Egozentrik lassen den Gesprächsfluß recht schnell versickern.

Die gemeinsame Basis

Wenn Sie einen Kontakt knüpfen möchten, dann suchen Sie nach der gemeinsamen Basis. Wo auch immer Sie sich aufhalten: Die Leute, die ebenfalls dort sind, haben etwas mit Ihnen gemeinsam.

Wer auf dem Golfplatz steht, teilt mit den anderen das Interesse am Golfspiel. Keith Goto aus Honolulu ist ein begeisterter Golfspieler. Die meisten der Gespräche, die er mit Leuten auf dem Golfplatz führt, drehen sich natürlich um das Golfspiel. Nur selten erwähnt er seinen Posten als Vizepräsident von *Fortune 500*. Sein fabelhafter Golfschlag sagt schon genug über ihn aus. »Ich habe auf dem Gelände Menschen getroffen, die meine Golffreunde und meine persönlichen Freunde geworden sind«, erzählt Goto. »Weil ich ein tüchtiger Golfspieler bin, wurde ich für drei Jahre Schirmherr von Golfturnieren, deren Erlös der Multiple-Sklerose-Gesellschaft zugute kam. Zwar konnte ich damals wegen meiner vielen Arbeit nur wenig spielen, aber ich war zufrieden, zu einem guten Zweck beitragen zu können.«

Wenn Sie regelmäßig die »Trimm Dich«-Pfade im Stadtwald entlang joggen, dann werden viele der Leute, die Sie dort treffen, wahrscheinlich auch Jogger sein – oder zumindest darüber nachdenken, ob sie nicht auch ein wenig Sport treiben sollten. Wenn Sie in der Warteschlange an der Eisbude stehen, sind der Fruchtbecher, die Eiswaffel oder die Sorte »Amaretto« durchaus ein Thema, über das man sich die Köpfe heißreden kann.

Nach einem Kongreß wagte ich mich einmal ins Schwimmbad meines Hotels und übte »schwimmen« – so nenne ich einmal meine Versuche, mich im Wasser vorwärtszubewegen, ohne daß meine Füße den Boden berührten. Es war noch ein Mann dort, der sich munter wie ein Fisch im Wasser tummelte und mich mit seinen Künsten sehr beeindruckte. Ich erzählte ihm, daß ich selbst überhaupt nicht schwimmen könne. Ergebnis: Er widmete mir eineinhalb Stunden, und ich lernte endlich schwimmen! Wer auf Menschen zugehen kann, dem öffnet sich die ganze Welt!

Die Kontakte, die Sie knüpfen, können sich zu Freundschaften oder zu geschäftlichen Beziehungen entwickeln – oder auch nicht. Auch wenn Sie Ihren Gesprächspartner niemals wiedersehen, kann diese einmalige Begegnung ein Höhepunkt des Tages gewesen sein!

Manchmal werden einmal geknüpfte Kontaktfäden gerade dann wieder aufgenommen, wenn wir es am wenigsten erwarten. Vor drei Jahren traf ich John Sneed auf einem Flug von San Francisco nach New Orleans. Wir plauderten vier Stunden lang, lachten oftmals herzlich – und blieben in Verbindung.

Er wollte gern, daß ich mich mit seiner Schwester in Verbindung setzte die eine wichtige Position als Marketingmanagerin hat. Aber aus irgendeinem Grunde kam der Kontakt damals nicht zustande. Zwei Jahre später leitete ich ein Seminar in ihrer Stadt, und John schlug erneut vor, daß ich mit ihr Kontakt aufnähme. Das tat ich dann auch – und prompt schlossen wir einen Vertrag für ein Seminar ab, das ich für ihre Firma halten sollte.

Manchmal entwickeln sich tiefe Beziehungen, manchmal kommt es nur zu flüchtigen Begegnungen. Als meine Freundin Lisa Miller ein Fahrrad kaufen wollte und dafür verschiedene Marken und Preise verglich, stellte der Manager eines Fahrradgeschäftes sie einem anderen Fahrradkäufer, einem Bäcker, vor. Ein paar Wochen später wollte sie einen Geburtstagskuchen für einen Freund kaufen. Sie ging in die Konditorei und traf auch gleich den Bäcker wieder, der hinter dem Tresen stand. »Normalerweise hätte ich gelächelt, meine Bestellung abgegeben und wäre gleich wieder gegangen ... *mit großem Bedauern,* nicht ein paar Worte mit ihm gewechselt zu haben. Aber diesmal holte ich tief Luft und erinnerte ihn an unsere Begegnung. Die Belohnung dafür, daß ich mir ein Herz gefaßt hatte: ein besonders guter Service und ein köstliches Gratis-Törtchen!«

Dies ist Ihr Leben

Jeder von uns kennt eine ähnliche Geschichte: Beispiele, wie es durch Zufall zu bestimmten wertvollen Begegnungen kam. Aber im Grunde fügen sich Ereignisse nicht durch Zufall günstig, sondern weil wir uns engagieren und bewußt oder unbewußt in eine bestimmte Richtung steuern.

Es gibt eine amerikanische Redewendung: »Man kann ein Lächeln nicht verschenken, es kommt immer zurück.« Dasselbe gilt von einem freundlichen Wort oder einem interessanten Gesprächsanfang. Wie man in den Wald ruft, so schallt es heraus.

Wo auch immer Sie gerade sind, nehmen Sie die Chancen wahr, die sich Ihnen bieten! Lächeln Sie, und sagen Sie etwas ... irgend etwas! Üben Sie sich darin, Gespräche anzuknüpfen. Sie wissen doch: Übung macht den Meister.

Was Sie gewinnen können, ist das Beste, was das Leben Ihnen zu bieten hat: die Sympathie und die Herzen Ihrer Mitmenschen. »Kontakt« und »Kommunikation« oder, um es etwas gefühlvoller auszudrücken, ein liebevoller Umgang der Menschen miteinander machen das Leben reich und lebendig.

Nur wer wagt, gewinnt. Die Belohnung bekommt immer der, der das Risiko eingeht, auch einmal zurückgewiesen zu werden, und trotzdem immer wieder aus sich herausgeht – hin zu anderen Menschen und zu einem reicheren, intensiveren Leben.

Das war das Thema dieses Buches: Gehen Sie aus sich heraus und auf andere zu! Erfolg im Berufsleben ist etwas Schönes, aber Beziehungen zu anderen Menschen sind noch wichtiger; sie sind eine wirkliche Bereicherung. Wenn Sie Ihr Leben meistern und die Herzen und Sympathien anderer Menschen gewinnen können, dann liegt Ihnen die Welt zu Füßen.

14

Die Zehn Gebote:
Wie man die Herzen erobert

1. Du sollst dich vorbereiten

Hast du alles überprüft: deine Einstellung, persönliche und berufliche Ziele, die Art, wie du dich vorstellst, Gesprächsthemen, Geschäftskarten, dein Lächeln und deinen Händedruck?

2. Du sollst hingehen

Fülle das U.A.w.g.- oder R.S.V.P.-Kärtchen aus, und geh hin! Übernimm zur Abwechslung einmal die Rolle des Gastgebers!

3. Probier die Strategien aus, die es dir leichtmachen

Geh mit einem Freund. Unterhalte dich mit den Klammergriff-Trinkern. Geh auf jemanden zu, und stell dich vor. Lächle! Sei flexibel – es könnte etwas Unerwartetes geschehen. Hör deinem Gesprächspartner zu. Zieh dich taktvoll zurück, und geh dann wieder auf andere, neue Menschen zu. Nachbereitung ist wichtig: Bleib am Ball! Ruf an, oder schreib ein Dankeskärtchen!

4. Du sollst ... etwas sagen – irgend etwas

Warte nicht, ergreife selbst die Initiative. Nur wer wagt, gewinnt. Hör zu, was der Gesprächspartner sagt. Lächle und blicke dem anderen in die Augen.

5. Du sollst dich höflich und liebenswürdig verhalten

Lies ein Buch über Benimmregeln, und bring dich auf den neuesten Stand. Zeig deinem Gesprächspartner Interesse und Respekt. Behandle *jedermann* höflich und aufmerksam.

6. Du sollst nicht in jede Falle stolpern

Komm nicht zu spät. Geh nicht zu früh. Trink nicht zuviel. Bleib mäßig im Essen und Trinken. Bring einen Freund mit, aber vergiß nicht: Ihr seid nicht zusammengewachsen!

7. Du sollst nicht vergessen

Einsatzbereitschaft
Energie
Enthusiasmus

8. Du sollst dich dem Anlaß entsprechend kleiden

Unsicher? Dann frag nach!

9. Du sollst mitbringen

Höflichkeit
Herzenswärme
Charme
Courage

10. Du sollst deinen Humor sprühen lassen

Wenn du zweifelst, ob ein Witz angebracht ist, mach die a.g.&z.-Probe (angemessen, geschmackvoll und zeitlich passend).